Dr. Ewald Gerhardt

HEIMISCHE PILZE

*Bestimmen
auf einen Blick
mit Faltplan*

W0051759

BLV

Die Deutsche Bibliothek –
CIP-Einheitsaufnahme

Gerhardt, Ewald:
Heimische Pilze /
Ewald Gerhardt. –3., durchges. Aufl. –
München ; Wien ; Zürich : BLV, 1997
    (Bestimmen auf einen Blick)
    ISBN 3-405-14595-3
NE: HST

3., durchgesehene Auflage

Bestimmungsplan:
Idee und Konzeption:
Wilhelm Eisenreich
Ausführung: Dr. Ewald Gerhardt

Einbandentwurf:
Studio Schübel, München

Bildnachweis:
Alle Fotos sind vom Autor

BLV Verlagsgesellschaft mbH
München Wien Zürich
80797 München

© BLV Verlagsgesellschaft mbH
München, 1997

Das Werk einschließlich aller seiner
Teile ist urheberrechtlich geschützt.
Jede Verwertung außerhalb der engen
Grenzen des Urheberrechtsgesetzes ist
ohne Zustimmung des Verlags unzuläs-
sig und strafbar. Das gilt insbesondere
für Vervielfältigungen, Übersetzungen,
Mikroverfilmung und die Einspeiche-
rung und Verarbeitung in elektroni-
schen Systemen.

Lektorat: Dr. Friedrich Kögel
Herstellung: Ernst Großkopf

Satz und Druck: Appl, Wemding
Bindung: Bückers, Anzing

Printed in Germany
ISBN 3-405-14595-3

Inhalt

Hinweise zur Benutzung

Zu günstiger Jahreszeit kann der Naturfreund den Pilzen auf Schritt und Tritt begegnen. Vor allem die sogenannten Großpilze sind es, welche unsere Aufmerksamkeit, gelegentlich auch Bewunderung erregen. Wenn in einem feuchten Herbst die Fruchtkörper zu Tausenden im Walde erscheinen, verspüren selbst absolute Pilzlaien einen unbändigen Drang zum Sammeln. Die Aussicht auf ein leckeres Pilzgericht ist nicht selten der Beginn einer Leidenschaft. Doch hierzu gesellt sich in vielen Fällen die nicht unberechtigte Angst vor einer Pilzvergiftung. Aus den vielen verschiedenen Pilzformen gilt es einerseits eßbare und wohlschmeckende herauszufinden, andererseits die gefährlichen Doppelgänger auszugrenzen. Vorliegendes Pilzbuch ist so konzipiert, daß dies jedem problemlos gelingt.

Der beginnende Pilzfreund orientiert sich zunächst mit bloßem Auge und wird bei genauerem Studium durch die ungeheure Vielfalt, die ihm etwa 4000 mitteleuropäische Großpilzarten entgegenbringen, entmutigt. Anders jedoch, wenn seine Aufmerksamkeit durch exakte bildliche Darstellung auf die für ihn interessanten Pilzarten gelenkt wird. Genau das soll mit diesem Buch erreicht werden. Es enthält Farbfotos der 175 wichtigsten und häufigsten Speisepilze und ihrer Doppelgänger; Arten, die anhand ihrer äußeren Merkmale relativ leicht bestimmt werden können.

Alle Pilze wurden am natürlichen Standort aufgenommen. Der Biotop gibt dem Betrachter wichtige Hinweise, die er auch beim Sammeln und Bestimmen beachten sollte.

Die Benutzung des Bestimmungsplans

Der herausnehmbare Faltplan ist das eigentlich Neue. Sämtliche im Bestimmungsteil enthaltenen und ausführlich beschriebenen Arten sind darauf noch einmal, z.T. in Ausschnittvergrößerung, abgebildet. Die Gruppierung wurde nach Ähnlichkeiten vorgenommen, nicht nach systematischen Gesichtspunkten. Der Benutzer versucht zunächst, den zu bestimmenden Pilz auf dem Faltplan wiederzuerkennen. Leicht wird jeder anhand von Merkmalen wie Form des Fruchtkörpers, Aufbau der Hutunterseite (Lamellen, Röhren, Stacheln oder Leisten) die Großgruppen auffinden. Auffällige Farben, Oberflächenstrukturen von Hut und Stiel, Vorhandensein von Stielringen usw. helfen dann beim Erkennen einer bestimmten Art.

Um gleich zu Beginn auf Verwechslungsgefahren aufmerksam zu machen, wurden giftige Arten bereits im Plan <u>rot</u> gekennzeichnet, eßbare <u>blau</u>. Nicht farbig markierte Pilze sind entweder ungenießbar oder bedürfen vor dem Verzehr einer Vorbehandlung bzw. sind nicht ganz unkritisch.

Glaubt nun der Bestimmer eine Art erkannt zu haben, so muß unbedingt entsprechend des Seitenverweises der Text im Bestimmungsteil nachgelesen werden. Gerade bei den merkmalsarmen Pilzen geben nicht sichtbare Besonderheiten (Geruch, Geschmack, Konsistenz, biologische Eigenheiten) oft weitere entscheidende Hinweise.

Nur wenn ein Pilz zweifelsfrei als eßbare Art bestimmt ist und in allen angegebenen Merkmalen übereinstimmt, darf er verzehrt werden. Für den Anfang empfiehlt es sich, die Bestimmung von einem guten Kenner oder von einer Pilzberatungsstelle bestätigen zu lassen.

Der Bestimmungsteil

Hier finden Sie die Pilzarten in möglichst großen Farbfotos am Originalstandort aufgenommen, den dazugehörigen Text jeweils gegenüber. Der Kopfzeile, rechts neben dem Volksnamen, können Sie mit einem Blick entnehmen, ob eine Art eßbar, giftig oder ungenießbar ist.

»**Giftig**« bezeichnet Arten, die beim Genuß Gesundheitsstörungen leichter oder schwerer Art hervorrufen (nähere Angaben im Text).

»**Ungenießbar**« bedeutet, daß ein Pilz nicht für die Speise geeignet ist, jedoch keine für den Menschen wirksamen Gifte enthält. Das Fleisch ist zäh, holzig oder schmeckt unangenehm.

»**Eßbar**« bezieht sich nicht auf den rohen, sondern stets auf den durch Kochen, Braten oder durch andere Wärmebehandlung gegarten Pilz! Es sei denn, es wird anderes vermerkt (z. B. beim Zucht-Champignon). Bei Arten, die vor der eigentlichen Zubereitung abgekocht werden müssen, schüttet man das Kochwasser prinzipiell weg (Beispiele: Hallimasch, Nebelgrauer Trichterling).

Ohne Einschränkung eßbare sowie giftige Pilze sind <u>blau</u> beziehungsweise <u>rot</u> gekennzeichnet.

Der Sammler sollte immer daran denken, daß er nur völlig einwandfreie Exemplare verwertet. Zu alte, schwammig-weiche, stark vermade-te, angeschimmelte, faulig riechende oder in ihrer Konsistenz (z. B. durch Frosteinwirkung) irgendwie veränderte Fruchtkörper sind unverwendbar, können durch Eiweißzersetzung sogar giftig werden.

Weitere Angaben in der Kopfzeile beziehen sich auf den Artenschutz gemäß der aktuellen »Roten Liste der gefährdeten Großpilze in Deutschland« bzw. der »Bundesartenschutzverordnung«.

Folgende Abkürzungen werden verwendet:

RL 3: Die Art ist in der Roten Liste mit dem Gefährdungsgrad 3 bezeichnet (s. auch S. 24).

Gefährdungskategorien:

0 = erloschen
1 = vom Aussterben bedroht
2 = stark gefährdet
3 = gefährdet
R = Rarität (latent gefährdet)
gesch.: In Deutschland geschützt: Art darf nicht gesammelt werden.
(gesch.): In Deuschland eingeschränkt geschützt: Sammeln nur für den Eigengebrauch in geringer Menge erlaubt. Handel und Verkauf von in Deutschland gesammelten Exemplaren ist verboten.
(!): Der Verzehr ist nicht unkritisch, bitte Text nachlesen.

Hinweis

Der Speisewert der in diesem Buch behandelten Pilze wurde nach bestem Wissen sowie neuestem Kenntnisstand angegeben. Wer Pilze ißt, handelt jedoch auf eigene Verantwortung, da Autor und Verlag weder etwaige individuelle Unverträglichkeiten noch die Sammelgewohnheiten des Einzelnen kennen. Wir warnen allgemein vor dem Genuß zu alter Pilze, generell aber vor Rohverzehr.

Wissenswertes zur Biologie und Lebensweise der Pilze

Pilze sind Lagerpflanzen, wie etwa Moose oder Algen. Die Verbreitung erfolgt durch winzige Sporen. Sie werden an charakteristischen Stellen des Fruchtkörpers (dem für uns sichtbaren Teil des Pilzes) gebildet: an den Lamellen, Röhren oder Stacheln; bei Keulen- oder Korallenpilzen an fast der gesamten Oberfläche; oder bei den Bauchpilzen im Innern. Die Oberfläche, an der die Sporen ausgebildet werden, ist die Fruchtschicht (»Hymenium«). Bei der Sporenmasse der Bauchpilze sprechen wir von »Gleba«. Die Lamellen-, Röhren- oder Stachelbildung der Hutpilze dient der Oberflächenvergrößerung, um möglichst viele Sporen erzeugen zu können.

Die Ausbreitung erfolgt gewöhnlich durch den Wind, seltener auch durch Insekten oder Säugetiere, welche durch auffallende Gerüche angelockt werden. Die eigentliche Pilzpflanze (Thallus) bleibt unseren Blicken meist verborgen. Sie wächst unterirdisch und wird als »Myzel« bezeichnet. Es besteht aus feinsten, fadenförmigen Zellen, den »Hyphen«. Gelangen die ausgefallenen Sporen auf ein keimfähiges Substrat, bildet sich aus ihnen neues Myzel.

Da den Pilzen das Blattgrün (Chlorophyll) fehlt, sind sie, im Gegensatz zu den Grünpflanzen, in ihrer Ernährung auf fertige organische Substanzen angewiesen. Wir unterscheiden drei Hauptgruppen:

Symbionten: Viele bodenbewohnende Pilze gehen eine Lebensgemeinschaft mit Bäumen ein, die sog. »Mykorrhiza«. Hierbei handelt es sich um eine echte Symbiose, aus der beide Partner Nutzen ziehen. Das Pilzmyzel umspinnt die feinen Saugwurzeln des Baumes und hilft beim Ansaugen des Wassers, während es selbst Nährstoffe vom Baum erhält. Da es sich hier um eine sehr enge Bindung handelt, wundert es nicht, daß etliche Pilzarten nur unter bestimmten Bäumen zu finden sind. So können Birkenpilze nur bei Birken wachsen, während Steinpilze

Myzel vom Fuchsigen Trichterling an der Unterseite von Buchenblättern mit deutlichen watteartigen und fädigen Bereichen

8

(als Sammelart) mit verschiedenen Baumarten zusammenleben können, z. B. Fichten, Kiefern, Eichen oder Buchen. Nicht nur fast alle Röhrlinge sind Mykorrhizapilze, sondern auch viele Lamellenpilze wie Wulstlinge, Schnecklinge, Ritterlinge, Schleierlinge, Milchlinge, Täublinge u. a.

Saprophyten: Eine große, nicht minder wichtige Gruppe sind solche Pilze, die abgestorbenes organisches Material zersetzen. Sie sind die »Aufräumer« des Waldes und helfen bei der Verrottung von Ästen und Stümpfen oder beschleunigen die Humusbildung. Ohne sie wäre ein funktionierendes Ökosystem Wald undenkbar. Dabei arbeiten verschiedene Arten beim Zersetzen eines Baumstammes »Hand in Hand«, indem sie, je nach Zersetzungsgrad, nacheinander das Holz besiedeln. Schwefelköpfe, Schüpplinge und

Kiefern-Steinpilz, ein Symbiont der Waldkiefer

Stockschwämmchen sind dafür bekannt. Eine große Zahl von Arten hat sich die Laub- oder Nadelstreu als Lebensraum gewählt. Hier finden wir Nebelgraue Trichterlinge, Violette Rötelritterlinge, Champignons, Rüblinge und viele andere.

Grünblättriger Schwefelkopf, einer der häufigsten Besiedler toter Baumstümpfe

9

Der Leber-Reischling parasitiert an lebenden Eichen

Parasiten: Diese Pilzgruppe lebt auf Kosten des Wirtes, den sie befällt und allmählich zum Absterben bringt. Viele Porlinge, im Volksmund auch als »Baumschwämme« bezeichnet, gehören hierher. Die Pilzsporen dringen an Verletzungen über Krone, Stamm oder Wurzel in das Holz ein, bilden Myzelien und beginnen so ihr zerstörerisches Werk. Nach einiger Zeit (es können Jahre vergehen) verliert das Holz seine Festigkeit und der Baum bricht um. Viele Parasiten können noch einige Jahre saprophytisch weiterwachsen. Bekannte Baumparasiten sind z. B. Zunderschwamm, Birkenporling und Riesenporling. Letzterer dringt über den Wurzelbereich verschiedener Laubbäume ein und kann innerhalb eines Jahres die Blattbildung unterbinden. Doch auch Lamellenpilze gehören zu den gefährlichen Parasiten. Allen voran wäre der sehr häufige, in großen Büscheln auftretende Hallimasch zu nennen.

Hexenringe

Besonders in günstigen Pilzjahren kann häufig beobachtet werden, daß die Fruchtkörper in kreisförmiger Anordnung stehen, dem sog. »Hexenring«. Noch heute übernehmen wir gern diesen Begriff aus früheren Zeiten, als man noch an Hexen glaubte. Im anglistischen Sprachraum wird dafür das Wort »Elfenrin-

Hexenring des Feld-Schwindlings

ge« (Fairy rings) verwendet. Die sich an einem Punkte bildenden Myzelien wachsen, sofern sie nicht behindert werden, in allen Richtungen weiter und bilden eine Kreisfläche, in deren Innern das Myzel teilweise wieder abstirbt. An der Stelle der größten Nahrungs- und Wasseraufnahme, also im Randbereich, werden kreisförmig die Fruchtkörper gebildet. In sehr guten Perioden kann man bei jüngeren Myzelien sogar erleben, daß auch die Innenfläche mit Pilzen ausgefüllt ist.

Durch weiteres Wachstum werden die Ringe Jahr für Jahr größer. Einige sehr große Hexenringe im nordamerikanischen Colorado-Gebiet sind mehr als hundert Jahre alt. Eine Fruchtkörperreihe ist als ein Teil eines unendlich großen Ringes zu verstehen. Bestimmte Pilzarten sind für ihre Hexenringbildung besonders bekannt. Hierzu gehören u. a. Wiesen-Champignon, Feld-Schwindling, Nebelgrauer Trichterling, Mönchskopf und Riesen-Krempentrichterling.

Bildungsabweichungen an Pilzen

Wer Pilze beobachtet, dem entgeht nicht, daß einige mißgestaltet sind. Die Entstehung einer Mißbildung kann verschiedene Ursachen haben, die noch nicht alle bekannt sind. Häufig werden Fremdpilze, Viren, Änderungen im Erbgut oder extreme Witterungsverhältnisse dafür verantwortlich gemacht. Alle unnatürlich veränderten Pilzfruchtkörper sollten für Speisezwecke gemieden werden! Hier werden nur einige der häufig auftretenden Erscheinungsformen beschrieben.

<u>Fehlende Fruchtschicht:</u> Arten der zu den Schlauchpilzen gehörenden

Lachsreizker: links mit normal ausgebildeten Lamellen, rechts ein befallenes Exemplar (»Steinreizker«)

Gattung *Peckiella* werden dafür verantwortlich gemacht, daß gewisse Milchlinge ihre Lamellen nicht ausbilden können. Da das Fleisch härter als üblich ist, werden sie als »Steinreizker« bezeichnet.

<u>Sterilität:</u> Durch Virenbefall, plötzliche Frosteinbrüche oder genetische Störungen wird die Ausbildung von Sporen unterbunden. Augenfällig wird diese Art der Mißbildung erst, wenn beispielsweise ein Champignon weiße Lamellen behält, obwohl sie längst schokoladenbraun gefärbt

Waldfreund-Rübling mit tremelloiden Bildungen

Links außen:
Nebelgrauer
Trichterling,
Doppelfrucht-
körper

Links:
Pappel-Schüpp-
ling, unter Licht-
abschluß in
einer Stamm-
höhlung ge-
wachsen

sein müßten. Die mikroskopische Untersuchung zeigt, daß auf den Lamellen die Sporen fehlen. Auch bei Morcheln ist diese Erscheinung häufig zu beobachten.

Tremelloide Formen: Sie treten häufig beim Waldfreund-Rübling auf und sind auf den Befall durch parasitische Gallertpilze der Gattung *Christiansenia* zurückzuführen. Oft ist der Hut des befallenen Pilzes mit gekröse- oder gehirnartigen Wucherungen bedeckt, die eine gallertartige Konsistenz haben.

Doppel- oder Mehrfachfruchtkörper: Sie sind besonders bei sehr gedrängtem Wachstum zu beobachten, wenn ein Pilz den anderen hochhebt. Gelegentlich sind zwei Hüte mit ihrer Huthaut verwachsen, so daß beim kleineren, hochgehobenen Pilz die Lamellen nach oben ragen. Doch kommen auch Exemplare mit zwei Hüten sowie doppelten oder mehrfachen Stielen vor.

Lichtmangelerscheinungen: Obwohl Pilze dafür bekannt sind, nicht vom Licht abhängig zu sein, so benötigen sie doch ein gewisses Quantum. Arten die unter völligem Lichtabschluß wachsen, sind nicht fähig, normale Hüte auszubilden. Diese Erscheinungen kennen wir von Holzbewohnern, die an den hölzernen Balken unter Tage wachsen. Auch in völlig abgeschlossenen Höhlungen kranker Bäume treten sie auf und kommen erst ans Tageslicht, wenn der Baum umstürzt.

Fichten-Steinpilz, mehrere Stiele tragen nur einen Hut

Ein wenig Gestaltskunde (Morphologie)

So mancher hofft wohl immer noch, daß gewisse volkstümliche Allgemeinregeln zur Unterscheidung eßbarer und giftiger Pilze zutreffen. Dem ist aber nicht so. Weder ein anlaufender Silberlöffel, noch von Tieren stammende Fraßstellen oder gar die mitgekochte, verfärbte Zwiebel geben irgendwelche verläßlichen Hinweise! So bleibt uns nichts anderes übrig, als jede Pilzart für sich genau kennenzulernen.

Eine exakte Bestimmung der Pilze ist nur über die Untersuchung der Fruchtkörper möglich, da die Myzelien zu merkmalsarm sind. Einige Großpilze haben Keulenform oder ähneln Meereskorallen oder Badeschwämmen. An kugel-, knollen- oder verkehrt-birnenförmigen Gestalten erkennen wir die Bauchpilze, von denen die reif gewordenen bei einer Berührung ihren Sporenstaub abgeben. Die meisten Pilze aber sind in Hut und Stiel gegliedert. Bei einem Blick unter den Hut sehen wir Röhren, Lamellen, dickliche Leisten oder Stacheln.

Der Neuling sollte sich beim Sammeln zunächst an die Röhrlinge halten, da es hier keine tödlich giftigen Arten gibt. Die schwammartig anmutende, vom Hutfleisch ablösbare Schicht besteht aus vielen dichtstehenden, miteinander verwachsenden Röhrchen. Diese können sehr fein, aber auch relativ grob sein, ihr Querschnitt rund oder eckig bis rhomboid. Letzteres ist z. B. beim Kuh-Röhrling der Fall. Die einzelnen Röhren sind außerdem ungleich lang und sehen daher wie abgestuft aus. Die Farbe der Röhrenschicht sowie etwaige Farbveränderungen bei Berührungen sind ebenso wichtig.

Feine Röhren (Sommer-Steinpilz)

Grobe, abgestufte Röhren (Kuh-Röhrling)

Lamellen (Wurzelnder Schleimrübling)

Leisten (Echter Pfifferling)

Stacheln (Semmel-Stoppelpilz)

13

Freie Lamellen (Schiefknolliger Anis-
champignon)

Freie Lamellen mit Kollar (Parasolpilz)

Der Kollar in Aufsicht (Parasolpilz)

Lamellen aufsteigend angeheftet (Violetter
Rötelritterling)

Lamellen breit angewachsen (Schwefel-
Ritterling)

Lamellen schwach herablaufend
(Nebelgrauer Trichterling)

Lamellen weit herablaufend (Fuchsiger
Trichterling)

Besonders häufig begegnet der Naturfreund den <u>Lamellenpilzen</u>, die in ungeheurer Vielfalt auftreten. In der Systematik wird eine Klassifizierung danach vorgenommen, ob die Lamellen am Stiel angewachsen sind, oder ob sie diesen gar nicht erreichen (freie Lamellen). In einem Längsschnitt sind diese Merkmale am besten zu erkennen. Alle Champignons, Wulstlinge und Knollenblätterpilze, Dachpilze, Scheidlinge und Schirmlinge zeichnen sich durch freie Lamellen aus. Bei den Riesenschirmlingen der Gattung *Macrolepiota* sind die freien Lamellen vor dem Stiel durch einen Ringwulst, den sog. »Kollar«, miteinander verbunden. Bei den am Stiel angewachsenen Lamellen betrachte man den Lamellenansatz genau. Es können alle Übergänge von schwach angeheftet bis weit herablaufend vorkommen. Die Art des Übergangs der Lamellen zum Stiel ist gattungs- oder gar artspezifisch.

Um junge Lamellen oder Röhren vor Austrocknung oder Tierfraß zu schützen, haben sich bei gewissen Pilzgruppen verschiedene »Abdeckeinrichtungen« entwickelt, die als Velum bezeichnet werden. Eine <u>Teilhülle (Velum partiale)</u> verbindet bei jungen Hüten Stiel und Hutrand, reißt durch Hutstreckung am Rande ab und bleibt dann als Ring (Manschette) oder Schleier am Stiel zurück.

Wulstlinge und Knollenblätterpilze sowie Scheidlinge zeichnen sich außerdem durch eine <u>Gesamthülle (Velum universale)</u> aus. Der gesamte Jungpilz wird von dieser Hülle umschlossen. Wenn er sich streckt, bleiben oft Fetzen oder Flöckchen davon auf dem Hut zurück. Auch die knollige Stielbasis der Knollenblätterpilze wird durch Reste der Gesamthülle typisch gestaltet. Eßbare

Die häutige Teilhülle bedeckt noch vollständig die Lamellen (Riesen-Champignon)

Durch Streckung ist die Teilhülle am Hutrand abgerissen und bleibt als Stielring erhalten (Grauer Wulstling)

Bei den Schleierlingen besteht die Teilhülle aus einem fädigen Gespinst, der Cortina (Taubenblauer Schleimkopf)

Stielbasis mit Resten der häutigen Gesamthülle (Grüner Knollenblätterpilz, Jugendform)

Die Stielknolle des Pantherpilzes wird von einem typischen Ringwulst (»Bergsteigersöckchen«) umschlossen; die auf dem jungen Hut befindliche Gesamthülle löst sich bald in einzelne Flöckchen auf

Den Fliegenpilz kennzeichnen die Warzenkränze an der Stielbasis. Die flockige Gesamthülle verdeckt die rote Hutfarbe des Jungpilzes völlig

Beim eßbaren Perlpilz und Grauem Wulstling geht die Knolle ohne Absatz in den Stiel über (auf dem Foto der Graue Wulstling)

und giftige Arten dieser Gattung unterscheiden sich hier auffallend. Ein wichtiges Merkmal des tödlich giftigen Grünen Knollenblätterpilzes ist der an der Stielbasis befindliche Rest der hautartigen weißen Gesamthülle (Volva).

Besonderheiten des Pilzreiches

Auch wenn nicht alle Pilze für den Kochtopf geeignet sind, so faszinieren sie doch immer wieder durch reizvolle Farben und Formen oder ihre Lebensweise. Da dieses Buch auch Freude an der Natur wecken und zum Beobachten anregen will, werden hier einige Besonderheiten vorgestellt.

Besonders im Nadelwald fallen dem aufmerksamen Pilzfreund nicht selten kleine, völlig weiß gefärbte Lamellenpilze auf, die stets in dichten Gruppen beisammenstehen. Ihr seidig glänzender Hut ist nur einige Millimeter breit. Bei genauem Nachsehen entdeckt man den Grund des gedrängten Beisammenwachsens. Sie gedeihen nur auf Resten abgestorbener, durch Mumifizierung geschwärzter Lamellenpilze. Es handelt sich um den **Seidigen Sklerotienrübling** (Collybia cirrhata), der auf diesen Standort spezialisiert ist.

Eine interessante Form des Parasitismus kann vorliegen, wenn verschiedene Pilzarten aufeinander wachsen. Den **Schmarotzer-Röhrling** (Xerocomus parasiticus) findet man nur auf Kartoffelbovisten, die er schädigt und an der Ausbildung der Sporen hindert. Der selten zu findende Röhrling ist eßbar, während sein Wirt bekanntlich giftig ist. Einen besonderen Standort, der nicht immer gleich als solcher erkannt wird, hat sich der **Parasitische Scheidling** (Volvariella surrecta) ausgewählt. Er ist nur auf alten, deformierten Hüten des Nebelgrauen Trichterlings zu finden. Wer großes Glück hat, kann im Spätherbst, halb unter dem Fallaub verdeckt, eine solche Gruppe finden.

Besonders unter den Bauchpilzen gibt es Arten, die durch ihre extravagante Gestalt auffallen. Die artenreiche Gattung der **Erdsterne,** von denen einige sehr selten sind, erregt Bewunderung und Staunen zugleich. Die sich aus einer zwiebelartigen Knolle entwickelnden Fruchtkörper heben sich bei der Reife durch die sich sternförmig aufrollen-

Seidiger Sklerotienrübling (Collybia cirrhata)

Der Schmarotzer-Röhrling *(Xerocomus parasiticus)* parasitiert auf dem Dickschaligen Kartoffelbovist

Gewimperter Erdstern *(Geastrum fimbriatum)* am Fuße einer Fichte

Parasitischer Scheidling *(Volvariella surrecta)* auf Nebelgrauem Trichterling

de Außenschicht aus dem Erdboden. Der in der Mitte verbleibende kugelförmige Teil enthält die Sporen, die er bei der leisesten Berührung durch eine zentrale Öffnung am Scheitel entläßt. Die Verwandtschaft mit den Bovisten und Stäublingen ist nicht zu übersehen.

Erdsterne sind in der Natur gut getarnt und deshalb schwer zu entdecken. Der abgebildete **Gewimperte Erdstern** *(Geastrum fimbriatum)* ist einer der häufigsten Arten seiner Gattung. Er kann im Laub- wie im Nadelwald auftreten. Alle Erdsterne sind ungenießbar und sollten wegen ihrer Seltenheit mit Respekt betrachtet werden.

Eine besondere Gruppe der Bauchpilze, auch als »Pilzblumen« bezeichnet, fällt bereits durch ihren Geruch auf, bevor man sie entdeckt hat. Der unangenehme Aas- oder Kotgeruch steht in krassem Gegensatz zu der Schönheit der entfalteten Pilze. Viele Arten sind Bewohner tropischer und subtropischer Gebiete. Einige von ihnen, z. B. **Gitterling** *(Clathrus ruber)* und **Tintenfischpilz** *(C. archeri)*, wurden eingeschleppt und sind in feuchtwarmen Sommermonaten gelegentlich Gast in unse-

Scharlachroter Gitterling *(Clathrus ruber)*

rem Land. Während der Gitterling eine häufigere Erscheinung des Mittelmeergebietes ist, fühlt sich der einst aus Australien eingebürgerte Tintenfischpilz auch bei uns recht wohl und breitet sich immer mehr aus. Die Pilze entwickeln sich, ähnlich wie die in Mitteleuropa heimische Stinkmorchel, aus einem kugelförmigen, von einer Gallerthülle umgebenen Gebilde, dem »Hexenei«. Durch bloße Streckung kann sich in-

nerhalb eines Tages der fertige Pilz entwickeln. Kaum entfaltet, so entströmt ihm auch schon der für uns unangenehme Geruch. Dieser wird von der anhaftenden olivbraunen Sporenmasse erzeugt und soll Insekten anlocken, welche die Sporenverbreitung übernehmen. Aaskäfer und diverse Fliegenarten besuchen die Pilze mit Vorliebe. Es versteht sich von selbst, daß wir sie als ungenießbar einstufen.

Tintenfischpilz *(Clathrus archeri)*

Pilze sammeln und verwerten

Sammelpraxis

Gelegentlich wird ein Spaziergänger im Wald mit einem unerwarteten Pilzsegen konfrontiert. Gern werden dann Kopftücher, Kapuzen und Jacken für den Transport umfunktioniert. Auch haben Umsichtige für derartige Fälle stets eine Plastiktüte (ganz schlecht) oder ein zusammenlegbares Einkaufsnetz (schon besser) dabei. Dies alles sollten Ausnahmen bleiben, da die Pilze nicht gerne gedrückt werden. Vor allem in Kunststofftüten kommen sie schnell ins Schwitzen und können sich bald zersetzen. Wie schnell das geschieht, hängt sehr vom Zustand der gesammelten Pilze ab. Das Alter der Fruchtkörper und ihr Wassergehalt spielen dabei eine große Rolle. Leicht kann es dann beim Verzehr zu einer Eiweißvergiftung kommen.

Der zünftige Behälter ist nach wie vor der Pilzkorb. Gegen neugierige Blicke schützt eine integrierte Abdeckung. Doch ist zu bedenken, daß die Pilze auch in sehr großen Körben gedrückt werden.

Manchmal hat man als Pilzberater oder neutraler Beobachter den Eindruck, daß manche Leute sich genötigt fühlen, alles abzuräumen. Das ist rücksichtslos und keinesfalls im Sinne der Natur. Schließlich möchten sich auch andere an den Pilzen erfreuen. Deshalb gilt die Regel: Unbekanntes oder Giftiges bleibt stehen und Speisepilze sammeln wir nur für den eigenen Verbrauch in einer alsbald verwertbaren Menge. Natürlich hat niemand etwas dagegen, wenn man einzelne Exemplare zum Kennenlernen mitnimmt. Sie sollten vom übrigen Sammelgut getrennt werden.

Der Pilzkorb ist der zünftige Sammelbehälter

Immer wieder wird die Frage gestellt: abschneiden oder herausdrehen? Beim Sammeln von Speisepilzen bin ich in jedem Fall für das Abschneiden, da es die sauberste Methode ist. Bei noch zu bestimmenden Arten sollte jedoch der ganze Fruchtkörper vorsichtig herausgehoben werden. Andernfalls könnten wichtige Bestimmungsmerkmale verlorengehen (siehe Stielknolle, Abschnitt Morphologie).

Pilzverwertung

Nachdem bei einem erfolgreichen Waldspaziergang nur einwandfreie, nicht zu alte, in der Konsistenz noch knackige (und natürlich eßbare) Pilze gesammelt wurden, stellt sich die Frage der Verwertung. Am günstigsten ist die Zubereitung noch am selben Tag. Eine kühle und luftige Lagerung bis zu zwei Tagen ist möglich. Beim Putzen sollte auf das Waschen unter fließendem Wasserstrahl nicht verzichtet werden; aber bitte darauf achten, daß sich die Pilze nicht vollsaugen. Fraßstellen oder madige Partien ausschneiden. Nur bei sehr schleimigen Arten (Butter-Röhrling, Großer Gelbfuß) wird die Huthaut abgezogen. Die genaue Zubereitungsmethode hängt von der persönlichen Vorliebe sowie von der Pilzart ab. Hinweise dazu finden Sie in den Pilzbeschreibungen.

Wurde mehr gesammelt, als in Kürze verbraucht werden kann, so stellt sich das Problem der Konservierung.

Pilze trocknen: Geeignet sind saubere, einwandfreie Exemplare, die vorher möglichst nicht gewaschen werden. Nach dem Zerkleinern (mindestens einmal längs halbieren) erfolgt eine Trocknung bei etwa 40 °C. Kostengünstig wäre die Inanspruchnahme der Zentralheizung, auf der die Pilze auf einem flachen Rost oder Gazestreifen liegen. Auch der Backofen (kleinste Hitze, halb offene Ofentür) ist zu empfehlen, wenn auch nur bedingt. Da die geringste Temperatur meist auf etwa 50°C einstellbar ist, könnte das Trockengut schwitzen und glasig werden. Deshalb arbeitet man möglichst mit Umluft. Elegant ist die Anschaffung eines Dörrgerätes, welches mittels Thermostat eine konstante Temperatur einhält.

Nach erfolgter vollständiger Durchtrocknung sollten die Pilze in luftdichten Behältern gelagert werden, da sie gern die Luftfeuchtigkeit aufnehmen und schimmeln können. Werden sie nach einiger Zeit wieder weich, so war entweder noch Restfeuchte im Pilz oder der Behälter ist undicht. Bei vorschriftsmäßiger Lagerung ist die Haltbarkeit nahezu unbegrenzt.

Gewisse Pilzarten sind nicht zum Trocknen geeignet, weil sie das Aroma verlieren oder nicht wieder weich werden. Dazu gehören Pfifferlinge, Milchlinge oder Champignons. Für letztere wird von der Industrie heute bereits das aufwendige Gefriertrocknungsverfahren genutzt, bei dem die Fruchtkörper ihre Form behalten. Sie nehmen beim Zubereiten schnell wieder Wasser auf und müssen nicht lange eingeweicht werden.

Pilze einfrieren: Die geputzten und gewaschenen Pilze werden in reichlich Salzwasser (plus 1 Messerspitze Zitronensäurepulver) einmal kurz aufgekocht oder blanchiert, dann abgeschreckt und schockgefroren. Die Haltbarkeit beträgt 6–12 Monate. Die Verarbeitung erfolgt später am besten in noch gefrorenem Zustand. Auch fertige Gerichte (ohne Sahnebeigabe) sind zum Tieffrieren geeignet.

Pilzvergiftungen, Giftpilze und »Umweltgifte«

Pilzvergiftungen

Sollten innerhalb einer gewissen Zeit (1/2–15 Stunden) nach einer Pilzmahlzeit Beschwerden auftreten, besteht dringender Verdacht auf Pilzvergiftung. Der Betroffene sollte unverzüglich ärztlichen Rat einholen. Genauso wichtig ist es, möglichst schnell die kritische Pilzart bestimmen zu lassen. Reste der zubereiteten Speise oder Erbrochenes, besser aber Putzreste oder nicht verwendete Pilzteile müssen dazu einem Kenner vorgelegt werden. Entsprechende Adressen sollte die Giftnotrufzentrale parat haben. Falls eine gefährliche Knollenblätterpilzvergiftung vorliegt, können wenige Stunden über Leben oder Tod entscheiden. Doch in den meisten Fällen ist die Vergiftung eher harmlos, so daß nach Begutachtung der verzehrten Pilze Entwarnung gegeben werden kann.

Die Zeitspanne nach der die Symptome nach der Mahlzeit auftreten (Latenzzeit), ist ein wichtiges Indiz für die Art der Vergiftung. Für die Gifte des Grünen Knollenblätterpilzes beträgt die Latenzzeit etwa 4–12 Stunden, selten auch mehr. Dagegen können harmlosere Magen- und Darmstörungen nach dem Genuß des Karbol-Champignons schon nach 1/2 Stunde beginnen.

Folgend sollen in Kurzform die wichtigsten Giftkategorien dargestellt werden:

Tödliche Wirkung durch Zerstörung innerer Organe

Pilzarten: Orangefuchsiger Schleierling, Spitzbuckliger Orangeschleierling, Schöngelber Klumpfuß.

Latenzzeit: 2–17 Tage!

Symptome: Nach 2–3 Tagen Übelkeit, Erbrechen, Durchfall und Bauchkrämpfe, dann in schweren Fällen Leberschwellung, Leberzellenschädigung und nach 4–16 Tagen Tod durch Nierenversagen.

Gifte: Orellanine.

Pilzarten: Grüner und Weißer Knollenblätterpilz, Kegelhütiger Knollenblätterpilz, Fleischrötlicher Giftschirmling, Nadelholz-Häubling.

Latenzzeit: 4–12 Stunden, selten länger.

Symptome: 1. Phase: Magen- und Darmbeschwerden, Brechdurchfall, Koliken, dann scheinbare Besserung. 2. Phase: Leber, Niere und Herzmuskel werden angegriffen, fortschreitende Leberzellenschädigung, Tod durch Herzversagen.

Gifte: Amatoxine, Phallotoxine, Virotoxine.

Nervengifte, Wirkung nur in sehr schweren Fällen tödlich

Pilzarten: Fliegenpilz, Pantherpilz.

Latenzzeit: Meist 1/2–2 Stunden.

Symptome: Bauchschmerzen, Erbrechen, Durchfall (nicht immer), Speichelfluß, Schweißausbrüche, Herzrhythmusstörungen, Schwindel, Angstgefühl, Sehstörungen, Delirium, Halluzinationen, bisweilen Rauschzustände, Tobsuchtsanfälle, Muskelkrämpfe, selten auch Koma, Atemlähmung, Kreislaufversagen.

Gifte: Ibotensäure, Muszimol, Muskazon, Muskarin.

Pilzarten: Ziegelroter Rißpilz und andere Rißpilze, Rinnigbereifter Trichterling und andere weiße Trichterlinge, Rettich-Helmling.

Latenzzeit: 1/4–1 Stunde.
Symptome: Ähnlich wie bei Fliegenpilz und Pantherpilz, doch abge-
schwächt.
Gift: Muskarin.

Wirkung auf Magen- und Darmtrakt
Pilzarten: Karbol-Champignon und
Verwandte, Tiger-Ritterling, Riesen-
Rötling, Niedergedrückter Rötling,
Satans-Röhrling, Schönfuß-Röhr-
ling, Birken-Reizker, Spei-Täubling,
Lila Dickfuß, Kartoffel-Bovist und
viele andere.
Latenzzeit: 1/2–4 Stunden.
Symptome: Übelkeit, Erbrechen,
Durchfall, bisweilen auch Schwin-
delgefühl und Ohnmachtsanfälle
(Kartoffel-Bovist). Die Beschwer-
den klingen bald ab und hinterlassen
keine bleibenden Schäden.
Gifte: Verschiedene, oft noch unbe-
kannte Stoffe.

**Giftwirkung in Verbindung
mit Alkoholgenuß**
Pilzarten: Grauer Tintling, Keulenfuß-Trichterling, Netzstieliger Hexenröhrling.
Latenzzeit: Einige Minuten bis
4 Stunden.
Symptome: Hitzegefühl, Rötungen
an Gesicht und Körper, Pulsbe-
schleunigung, Schwindelgefühl, Sehstörungen, selten Übelkeit und Erbrechen. Die Symptome klingen bald
ab, können aber bei weiterem Alkoholgenuß innerhalb 3 Tagen wieder-
kommen.
Gift: Coprin (und andere mit ver-
gleichbarer Wirkung).

Weitere Giftpilze, die der Sammler
unbedingt kennen sollte, lassen sich
nicht ohne weiteres in dieses Sche-
ma einordnen. Zu ihnen gehört der
Kahle Krempling. Im Rohzustand
enthält er noch unbekannte Giftstoffe, die zum Tode führen können.

Früher war der »Krempling« Marktpilz. Er mußte vor der eigentlichen
Zubereitung abgekocht und das
Kochwasser entfernt werden. Heute
wissen wir, daß der Pilz trotz Vorbehandlung Probleme machen kann.
Diese sind allergieähnlich und können vor allem bei wiederholtem
Kremplingsgenuß zu schweren kör-
perlichen Schäden führen. In einem
aktuellen Fall verlor ein Patient eine
Niere, obwohl er angeblich die Pilze
vorschriftsmäßig behandelt hatte!
Nicht jeder muß nach einer Kremp-
lingsmahlzeit erkranken, doch rate
ich dringend ab, es auszuprobieren.
Ein weiterer Problempilz ist die
Frühjahrs-Lorchel. Ohne Vorbehandlung genossene Lorcheln haben nachweislich zu Todesfällen
geführt. Das enthaltene Gyromitrin
(Latenzzeit: etwa 4–8 Stunden) wird
durch Erhitzen oder Trocknen weit-
gehend zerstört. Es besteht aber der
Verdacht, daß jahrelanger Konsum
dennoch zu allergischen Reaktionen
führt, ähnlich wie beim Kahlen
Krempling.

»Umweltgifte« in Pilzen

Die Pilzmyzelien nehmen nicht nur
Wasser auf, sondern auch gewisse
Schadstoffe. Hier wären die Schwer-
metalle Cadmium, Blei und Queck-
silber sowie radioaktives Cäsium zu
nennen. Die Höhe der Schadstoff-
aufnahme ist artspezifisch. Die Bo-
denbelastung ist, vor allem mit Cäsium, in Europa sehr unterschiedlich.
Bis heute wissen wir nicht genau,
wie und ob überhaupt sich der Pilz-
verzehr auf unseren Körper auswirkt.
Jedenfalls wird allein durch die
Zubereitung und Behandlung (Waschen, Putzen, Erhitzen, Zerkleinern, Einfrieren) ein erheblicher Teil
der Schadstoffe ausgeschwemmt.

Gefährdung und Schutz

Beim Pilzesammeln wird gewöhnlich nur der Fruchtkörper geerntet. Das Myzel wird dabei in der Regel kaum geschädigt, sofern nicht der Boden aufgerissen wird. Wer also vernünftig sammelt, fügt der Natur bei der Ausübung seines Hobbys keinen Schaden zu. Dennoch wissen wir, daß das Pilzwachstum gegenüber früheren Zeiten deutlich nachgelassen hat. Ein gutes Beispiel ist der Pfifferling, der in stadtnahen Gebieten inzwischen fast zu einer Rarität geworden ist. Doch auch giftige oder ungenießbare Arten, die niemand sammelt, gehen teilweise deutlich in ihrem Bestand zurück.

Das Bewußtsein, daß auch Pilze gefährdet sind, hat sich inzwischen in der Öffentlichkeit durchgesetzt. Mögliche Ursachen für den Rückgang wurden in den letzten Jahren heiß diskutiert. Klimaveränderungen, Bebauungsmaßnahmen, Grundwasserabsenkungen, Maßnahmen der Forst- und Landwirtschaft, Stickstoffdüngung, Kalkung, Einsatz von Pestiziden sowie Schadstoffimmissionen spielen dabei eine Rolle. Der Mensch nimmt den Pilzen allmählich ihren Lebensraum, wobei Aktivitäten der Pilzsammler kaum ins Gewicht fallen.

In einigen Bundesländern, Teilen der Schweiz und Italien wurden partielle Sammelverbote erlassen. Hier war übertriebener Sammeleifer der Auslöser. Daher eine Mahnung an die Pilzfreunde, nicht wie eine wilde Horde über den Wald herzufallen. Was viele noch nicht wissen: Einige Pilzarten stehen nach der Bundesartenschutzverordnung unter Naturschutz und dürfen nicht gesammelt werden. Etliche sind eingeschränkt geschützt. Das Entnehmen dieser Arten ist für den Eigenbedarf gestattet, der Handel damit (auch der Verkauf an Gaststätten) verboten. Im Bestimmungsteil sind diese Pilzarten entsprechend gekennzeichnet. Ob es sich hierbei um eine wirksame Schutzmaßnahme handelt, sei dahingestellt. Wir haben ja gerade gelesen, daß der Sammler nicht der Hauptschuldige am Rückgang der Pilzflora ist. Doch da die kommerziell sammelnden »Pilzfreunde« sich auf Kosten der Natur bereichern, besteht das Gesetz meiner Meinung nach zu Recht.

Ein weiteres Instrument, auf gefährdete Pilzarten aufmerksam zu machen, ist die »Rote Liste der gefährdeten Großpilze in Deutschland«. In der aktuellen Auflage von 1993 ist bereits der Pfifferling in der Kategorie »3 = gefährdet« aufgenommen. Unsere Kenntnisse über den tatsächlichen Gefährdungsgrad einer Pilzart sind noch sehr unvollständig. Dennoch ist eine »Rote Liste« ein wichtiges Instrument des Naturschutzes.

Es muß im Bestreben eines jeden Einzelnen liegen, etwas für den Naturschutz zu tun. Bereits beim Sammeln fängt es an. Hier sollte vermieden werden, das Erdreich aufzuwühlen, um die Myzelien vor schädlichem Lichteinfall zu schützen. Entstehende Löcher beim Herausdrehen der Pilze werden wieder verschlossen. Zu junge und überalterte Fruchtkörper bleiben stehen und die Moos- und Krautschicht wird möglichst geschont. Kurz: Wir lassen den Sammelstellen eine gewisse Pflege zukommen. Der beste Pilzschutz ist die Erhaltung der natürlichen Lebensräume.

Fachworterklärung

Ascomycetes: Klasse der Schlauch-pilze, bei denen die Sporen in Schläuchen gebildet werden (z. B. Becherlinge, Morcheln, Lorcheln).

Ascus: Schlauchförmiger Sporen-behälter.

Basidie: Sporenständer der Basi-diomycetes.

Basidiomycetes: Klasse der Ständer-pilze (z. B. Röhrlinge, Champignons, Wulstlinge u. a.). Die Sporen werden hier an den Basidien gebildet.

Chlorophyll: Blattgrün, welches die Grünpflanzen zur Assimilation be-fähigt.

Cortina: Schleier. Gespinstartige Teil- oder Gesamthülle der Schleier-linge.

Gleba: Die im Innern der Bauchpil-ze gebildete Sporenmasse.

Hexenei: Eiförmiges Frühstadium, aus dem sich die Stinkmorchel und verwandte Pilzarten entwickeln.

Hexenring: Ringförmige Anordnung von Pilzfruchtkörpern.

hygrophan: Deutliche Farbände-rung unter Einfluß des Feuchtigkeits-zustandes bei Pilzhüten.

Hymenium: Fruchtschicht. Die Oberfläche, auf der bei Pilzen die Sporen erzeugt werden.

Hyphen: Langgestreckte Pilzzellen, aus denen das Pilzgeflecht (Myzel) und die Fruchtkörper bestehen.

Kollar: Ringwulst, der die Lamellen vom Stiel trennt (z. B. bei den Rie-senschirmlingen).

Latenzzeit: Zeitspanne, nach der er-ste Vergiftungserscheinungen nach der Mahlzeit auftreten.

Manschette: Häutiger Stielring.

Mykorrhiza: Spezialfall der Lebens-gemeinschaft zwischen Pilz und Baum oder anderen Höheren Pflan-zen (vgl. Symbiose).

Myzel: Pilzgeflecht; die im Substrat (Erdreich, Holz usw.) lebende ei-gentliche Pilzpflanze.

Parasit: Ein Organismus, der auf Ko-sten seinen Wirtes lebt.

Peridie: Außenschicht der Bauchpil-ze, die oft in einen inneren (Endope-ridie) und einen äußeren Teil (Exope-ridie) gegliedert ist. Sie umschließt die Sporenmasse.

Rezeptakulum: Der sich bei der Rei-fe streckende Teil der Stinkmorchel und verwandter Arten.

Rhizomorphen: Wurzelartig ver-dickte Myzelstränge einiger Pilzar-ten (z. B. Hallimasch).

Saprophyt: Ein Organismus, der sich von abgestorbenem pflanzlichem oder tierischem Material ernährt und dieses abbaut.

Spore: Winzige Verbreitungseinheit der Sporenpflanzen, in diesem Falle der Pilze. Form: kugelig bis ellip-tisch. Durchschnittsgröße: lediglich 10–20 tausendstel Millimeter.

Symbiose: Lebensgemeinschaft, aus der beide Partner Nutzen ziehen. Spezialform einer Symbiose: My-korrhiza. Die Partner werden als Symbionten bezeichnet.

Thallus: Wenig zelldifferenzierter Körper der sog. Lagerpflanzen (Thal-lophyten). Demgegenüber stehen die Kormophyten, welche in Wur-zel, Sproßachse und Blatt aufgeteilt sind.

Velum: Schutzhülle am Pilzfrucht-körper. Velum partiale: Teilhülle, welche nur das junge Hymenium schützt; Velum universale: Gesamt-hülle, umhüllt den ganzen jungen Fruchtkörper.

Volva: Hautartige Reste einer Ge-samthülle, die an der Stielbasis zurückbleiben.

Steinpilz, Fichten-Steinpilz

Boletus edulis

eßbar, sehr gut
(gesch.)

Merkmale: Hut in verschiedenen Brauntönen, doch auch weißlich, feucht etwas klebrig, 5–25 cm breit; Röhren weiß, beim Reifen olivgelblich bis grünlich; Stiel mit hellem, wenig auffallendem Netz, zumindest im oberen Teil, seltener bis zur Basis durchgehend; Fleisch im Anschnitt nicht verfärbend.
Vorkommen: In Nadel- und Laubwäldern, besonders unter Fichten; auf allen Bodenarten; Mykorrhizapilz; Juli bis Oktober; häufig, wenn auch nicht in jedem Jahr. **Ähnliche Arten:** Gallen-Röhrling (S. 28), mit rosa Röhrenfutter und gallebitterem Geschmack; Sommer-Steinpilz (S. 28), mit ausgeprägterem Stielnetz, unter Eichen; Kiefern-Steinpilz (*B. pinophilus*), mit rotbraunen Farben an Hut und Stiel, Kiefernbegleiter; Schwarzhütiger Steinpilz (*B. aereus*), Hut fast schwarzbraun, Stiel bräunlich gefärbt, Eichenbegleiter in wärmebegünstigten Laubwäldern. Vorsicht beim Sammeln von Röhrlingen mit roter Hutunterseite! Der giftige Satans-Röhrling (S. 30) mit hellem Hut und schwach blauendem Fleisch könnte dabei sein!

Der Steinpilz, als einer der besten und beliebtesten Speisepilze, darf nicht, wie fälschlicherweise manchmal behauptet, roh genossen werden. Ich erinnere mich noch sehr gut an einen Fachkollegen, der anläßlich einer Pilztagung auf einer Exkursion einen kleinen Steinpilz roh »zum Frühstück« aß. Er hatte bis zum späten Abend kolikartige Magenschmerzen! Zuvor getrocknete Exemplare sind unkritischer. Man sollte auch beachten, daß Steinpilze seit 1986 unter eingeschränktem Naturschutz stehen. Sie dürfen also, sofern die Pilze aus Deutschland stammen, nur für den persönlichen Verzehr gesammelt und nicht gehandelt werden! Es sind Fälle bekannt, in denen Zuwiderhandlungen strafrechtlich verfolgt wurden und die Täter eine Geldstrafe auferlegt bekamen.

Der Steinpilz schlechthin ist eine Sammelart. Die Wissenschaft unterscheidet, je nachdem mit welcher Baumart der Pilz eine Lebensgemeinschaft eingeht, noch Birken- und Hainbuchenformen. Die exakte Bestimmung ist nicht einfach und daher guten Kennern vorbehalten. Alle Varianten sind für die Küche gleichermaßen geeignet: Braten, Dünsten, Schmoren usw. Wegen des ausgezeichneten Aromas ist auch das Trocknen lohnend. Sollen die Pilze nicht sofort verzehrt werden, ist Tieffrieren möglich.

Gallen-Röhrling

ungenießbar, bitter

Tylopilus felleus

Merkmale: Sehr bitter schmeckend; Hut matt und trocken, meist hell karton-braun oder zimtbraun, 8–15 cm breit; Röhrenschicht erst weiß, dann rosa bis fleischbräunlich; Stiel mit dunklerem, deutlich ausgeprägtem Netzmuster. **Vorkommen:** In Nadel- und Mischwäldern; Mykorrhizapilz; Juni bis Oktober, vor allem August bis September; überall häufig in Mittel- und Nordeuropa. **Ähnliche Arten:** Steinpilz (S. 26) und Verwandte, vor allem der Sommer-Steinpilz (unten), Geschmack jedoch nicht bitter und Röhren nie rosa, sondern bei Reife olivgelblich bis grüngelblich, Stielnetz nicht dunkler, sondern weiß oder der Stieloberfläche gleich gefärbt.

Der Gallen-Röhrling ist als einziger Vertreter seiner Gattung in Europa der klassische Doppelgänger des Steinpilzes. Vor allem junge Exemplare sehen sich täuschend ähnlich, weshalb schon so manches »Steinpilzgericht« geschmacklich verdorben wurde. In Zweifelsfällen entscheidet beim Sammeln eine kleine Kostprobe. Selbst beim Anlecken einer frischen Schnittstelle ist die Bitterkeit zu merken. Einige Menschen können den bitteren Geschmack nicht wahrnehmen. Für sie wäre der Gallen-Röhrling eßbar, da er keinerlei Giftstoffe enthält.

Sommer-Steinpilz, Eichen-Steinpilz

eßbar, sehr gut

Boletus reticulatus (B. aestivalis)

Merkmale: Hut meist heller als beim Fichten-Steinpilz, bei feuchtem Wetter deutlicher schmierig, trocken schorfig, 5–20 cm breit; Stiel mit durchgehendem, ausgeprägtem Netz; kann schon sehr früh im Jahr auftreten. **Vorkommen:** Unter Eichen; Mykorrhizapilz; Mai bis September; relativ häufig; in ganz Europa verbreitet. **Ähnliche Arten:** Gallen-Röhrling (oben), mit bitterem Geschmack und rosafarbenem Röhrenfutter; Fichten-Steinpilz (S. 26), im Nadelwald wachsend, Stielnetz meist weniger kräftig ausgebildet; Netzstieliger Hexenröhrling (S. 32), mit blauendem Fleisch, vor allem schwer zu unterscheiden, wenn die roten Röhrenmündungen ausgeblaßt sind.

Wegen seines ausgeprägten Stielnetzes ist der Sommer-Steinpilz dem ungenießbaren Gallen-Röhrling besonders ähnlich. In Zweifelsfällen, so meist bei sehr jungen Pilzen, muß sich der Sammler auf eine Kostprobe (kleinste Mengen, nicht herunterschlucken) verlassen. Sie sollte am besten gleich im Walde vorgenommen werden.

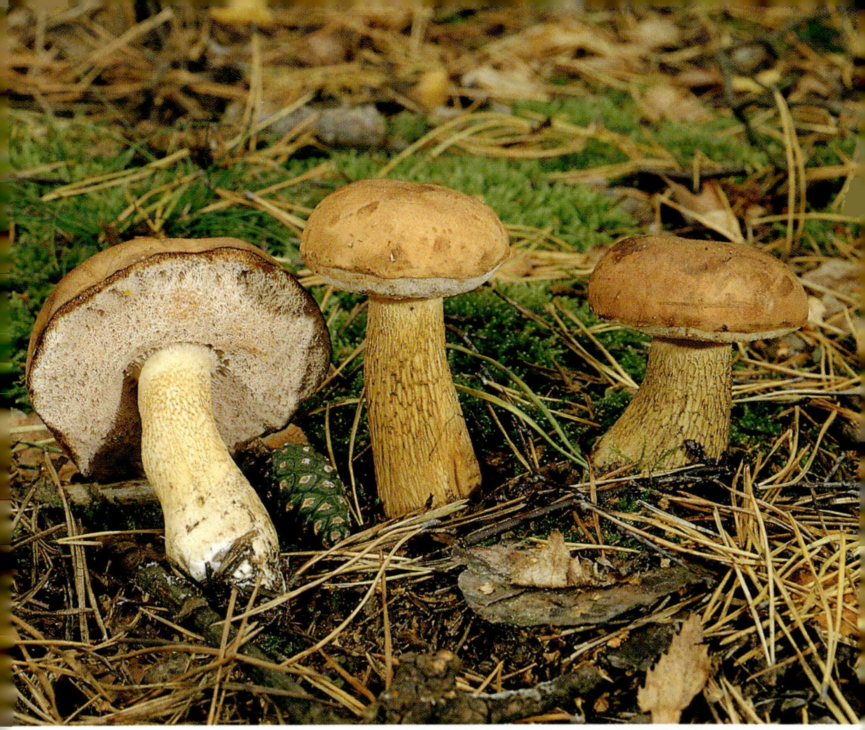
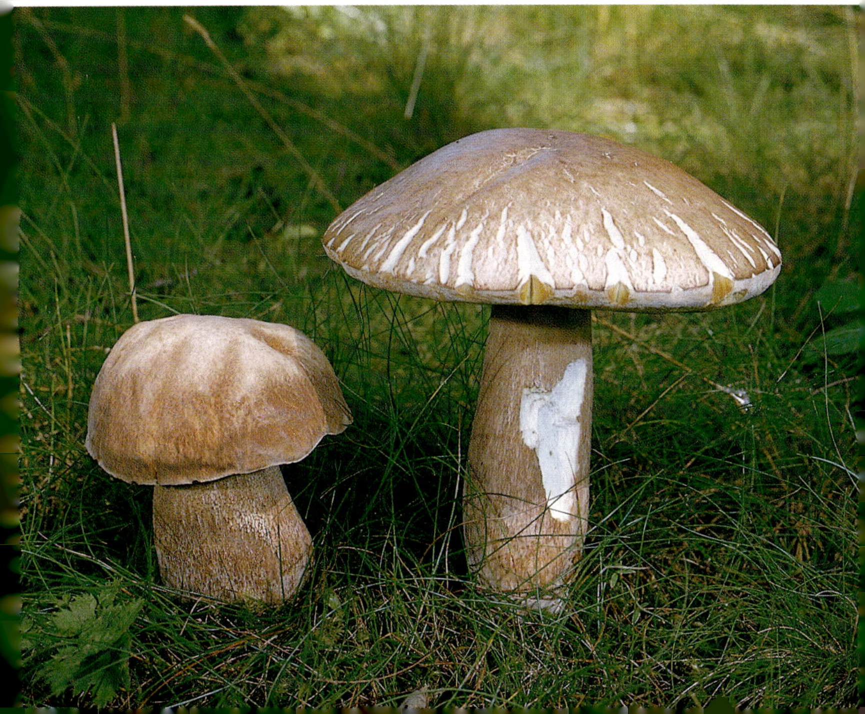

Schönfuß-Röhrling

Boletus calopus

leicht giftig, bitter
RL 3

Merkmale: Relativ heller Hut, 5–15 cm breit; gelbe Röhren; rot überzogener Stiel mit auffallendem Netz; schwach blauendes Fleisch. **Vorkommen:** Im Laub- und Nadelwald, vor allem unter Fichte und Buche; Mykorrhizapilz; Juli bis Oktober; zerstreut, in den Mittelgebirgen häufiger, vor allem Bayerischer Wald und Schwarzwald sowie Österreich. **Ähnliche Arten:** <u>Wurzelnder Bitterröhrling</u> *(B. radicans)*, Stiel ohne Rottöne, meist ohne Netzzeichnung, wurzelnd, schmeckt ebenfalls bitter; Satans-Röhrling (unten), kompakter, mit roter Hutunterseite, giftig; <u>Sommer-Röhrling</u> *(B. fechtneri)*, eßbar, ist besonders ähnlich, sollte aber wegen seiner außerordentlichen Seltenheit geschont werden.

Die noch unbekannten Giftstoffe des Schönfuß-Röhrlings erzeugen bei Rohgenuß Durchfall und Erbrechen. Der bittere Geschmack lädt nicht zum Verzehr ein. Wegen seiner Rückläufigkeit wurde der Schönfuß-Röhrling in die Rote Liste aufgenommen. Er ist ein gutes Beispiel dafür, daß auch solche Arten seltener werden, die nicht zu den »Sammlerpilzen« gehören. Nach Meinung vieler Experten, der ich mich anschließe, ist das Sammeln der Fruchtkörper ohnehin nicht der Grund dafür, daß Pilze seltener werden. Vielmehr wird durch menschliche Einwirkung den Pilzen allmählich der natürliche Lebensraum genommen.

Satans-Röhrling

Boletus satanas

giftig
RL 2

Merkmale: Weißlicher Hut (junge Exemplare wirken von weitem wie Kalksteine), 10–25 cm breit; rote Röhren; rötlicher, genetzter Stiel; schwach blauendes Fleisch; im Alter oft widerlich aasartig riechend. **Vorkommen:** Unter Eichen und Buchen, in wärmebegünstigten Laubwäldern; auf Kalkboden; Mykorrhizapilz; (Juli) August bis September; selten, fehlt in Norddeutschland. **Ähnliche Arten:** Schönfuß-Röhrling (oben), mit gelben Röhren, leicht giftig; <u>Wurzelnder Bitterröhrling</u> *(B. radicans)*, ungenießbar, ohne jegliches Rot; eßbare Hexenröhrlinge (S. 32), mit stark blauendem Fleisch und dunkleren Hüten.

Der Satanspilz gilt als der giftigste Röhrling. Der mitteldeutsche Lehrer und Autor der Art H.O.Lenz berichtete 1840 ausführlich über Vergiftungserscheinungen, die er nach einem Sologericht dieses Pilzes am eigenen Leibe erfahren mußte. Er erlitt viele Stunden andauerndes Erbrechen, Durchfall und Leibkrämpfe, die zu einer mehrwöchigen Schwächung führten. Tödliche Vergiftungen sind jedoch bis heute nicht bekannt. Der Unkundige meide daher alle Röhrlinge mit roten Röhren. Unter ihnen befinden sich noch weitere giftverdächtige Arten, z. B. der seltene <u>Wolfs-Röhrling</u> *(B. lupinus)*.

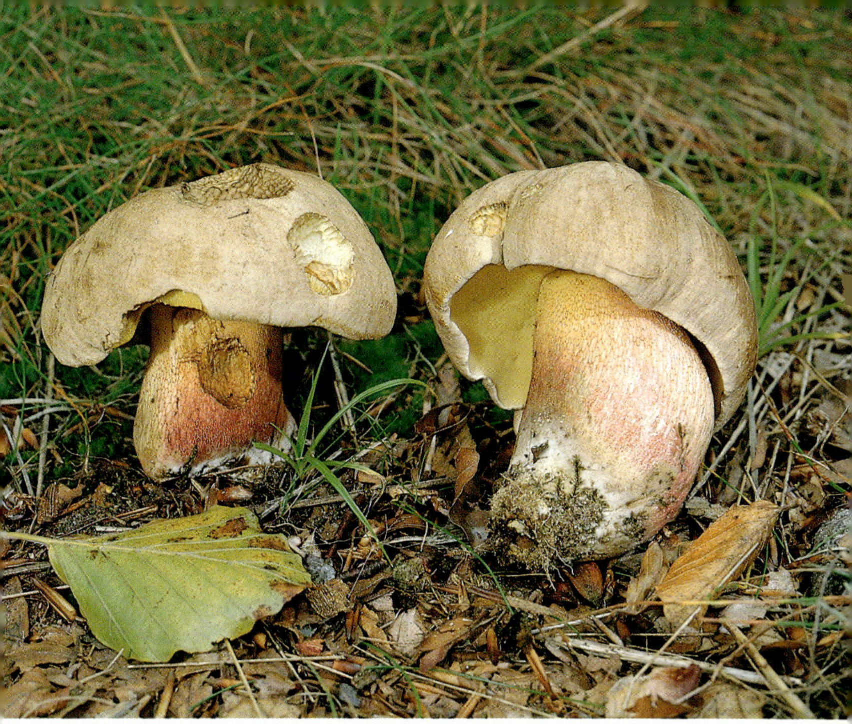
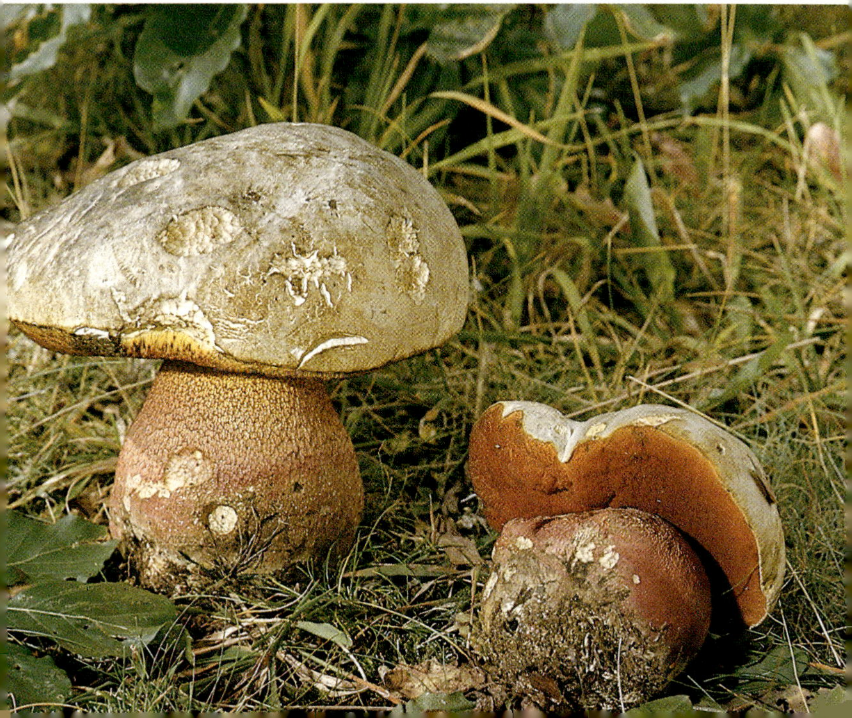

Netzstieliger Hexenröhrling

bedingt eßbar

Boletus luridus

Merkmale: Hut meist gelbbraun bis oliv, 5–20 cm breit; Röhren rot bis gelblich-rot; Stiel auffallend genetzt; Druckstellen stark blauend. **Vorkommen:** Im Laub- und Mischwald, gern in Parkanlagen und auf Grünstreifen unter Linden; meidet auch Kalkböden nicht; Mykorrhizapilz; Juni bis Oktober; relativ häufig und weit verbreitet, in Deutschland mit südlichem Schwerpunkt. **Ähnliche Arten:** Flockenstieliger Hexenröhrling (Mitte), Stiel ungenetzt; <u>Purpur-Röhrling</u> *(B. rhodopurpureus)*, in allen Teilen wein- bis purpurrot, seltene Art, im Gebirge auf Kalkböden, eßbar; Satans-Röhrling (S. 30), Hut weißlich, schwach blauend, giftig; der Steinpilz (S. 26) und seine Verwandten besitzen nie rote Röhrenmündungen und verfärben sich nicht blau.

Der Netzstielige Hexenröhrling sollte bei der Zubereitung besonders gründlich erhitzt werden. Vor und vor allem bis zu 3 Tagen nach der Mahlzeit ist Alkohol zu meiden, da sonst vorübergehende Vergiftungserscheinungen auftreten können (siehe Abschnitt Pilzvergiftungen in der Einführung).

Flockenstieliger Hexenröhrling, Schusterpilz

eßbar, gut

Boletus luridiformis (B. erythropus)

Merkmale: Hut dunkelbraun, samtig, 5–20 cm breit; Röhren rot; Stiel fein rotflockig, ohne Netz; Fleisch kräftig gelb, stark blauend. **Vorkommen:** Im Laub- und Nadelwald, meidet Kalkböden; Mykorrhizapilz; Juni bis Oktober; häufig, in Deutschland gleichmäßig verbreitet. **Ähnliche Arten:** Netzstieliger Hexenröhrling (oben), <u>Glattstieliger Hexenröhrling</u> *(B. queletii)*, Stiel gelblich, weder genetzt noch rotflockig, selten, eßbar.

Vom Flockenstieligen Hexenröhrling sind bei vorschriftsmäßiger Zubereitung (ausreichend erhitzen, gut durchbraten usw.) und gleichzeitigem Alkoholgenuß keine Nebenwirkungen bekannt. Er gilt als guter, festfleischiger Speisepilz, welcher dem Steinpilz ebenbürtig ist. Der Name »Hexenröhrling« rührt von der augenblicklichen, kräftigen Blaufärbung beim Anschneiden des Pilzes. Es handelt sich um eine Oxidationsreaktion mit dem Luftsauerstoff, die früher für »Hexerei« gehalten wurde.

Schwarzblauender Röhrling

eßbar, gut

Boletus pulverulentus

Merkmale: Hut 3–8 cm breit; bei Berührung oder Anschnitt sofort intensiv schwarzblau anlaufend; Röhren leuchtend gelb; Stiel im oberen Teil gelb, im unteren mit rötlichen Tönen, ohne Netzzeichnung. **Vorkommen:** in Laub- und Nadelwäldern, auch in Parkanlagen und Gärten; Mykorrhizapilz; Juli bis September; nicht häufig, aber in Deutschland sowie ganz Mitteleuropa gleichmäßig verbreitet. **Ähnliche Arten:** Rotfuß-Röhrling (S. 36), Ziegenlippe (S. 34), Maronen-Röhrling (S. 34). Diese blauen aber weniger intensiv oder gar nicht.

Die schnelle und intensive Verfärbung ist ein beinahe unverkennbares Merkmal. Ähnliche Blaufärbungen zeigen die Hexenröhrlinge und der <u>Kornblumen-Röhrling</u> *(Gyroporus cyanescens)*.

Maronen-Röhrling

eßbar, sehr gut

Xerocomus badius

Merkmale: Dunkelbrauner, samtiger bis feuchtglänzender Hut, 3–10 cm breit; gelbgrünliche Röhren, die an Druckstellen blauen (Merkmal kann bei trockener Witterung schwach sein oder fehlen); bräunlich marmorierter, ungenetzter Stiel. **Vorkommen:** Im Nadel- und Mischwald, besonders unter Kiefern oder Fichten; liebt saure Böden; Mykorrhizapilz; (Juni) Juli bis November; häufig, bei guter Pilzwitterung Massenpilz. **Ähnliche Arten:** Ziegenlippe (unten), mit olivbraunem Hut und leuchtend gelben, weiteren Röhren, kaum oder nicht blauend; Schwarzblauender Röhrling (S. 32), extrem schnell und kräftig blauend; Steinpilze mit zumindest teilweise genetztem Stiel, nirgends blau werdend.

Was den Speisewert betrifft, so ist der Maronen-Röhrling dem Steinpilz gleichzustellen. Wegen der Eigenschaft, besonders viel radioaktives Cäsium aufzunehmen, ist die »Marone« jedoch in Verruf geraten. Inzwischen kann zumindest für den nord- und mitteldeutschen Raum wegen absinkender Strahlenwerte Entwarnung gegeben werden. In Süddeutschland und Österreich sollten sich Sammler nach dem aktuellen Stand erkundigen. Obwohl der Maronen-Röhrling zu den trockenhütigen Arten zählt, kann er vor allem im Alter bei feuchter Witterung leicht schmierig werden.

Ziegenlippe

eßbar, gut

Xerocomus subtomentosus

Merkmale: Hut meist typisch olivbraun, feinfilzig, 3–10 cm breit; Röhren relativ weit, besonders jung leuchtend gelb, gewöhnlich nicht blauend; Stiel einheitlich blaß, auch rotbräunlich längs gemasert bis feinflockig, seltener im oberen Teil mit weitläufiger, punktierter Netzzeichnung; Fleisch fester als beim Rotfuß-Röhrling, ohne säuerlichen Geruch. **Vorkommen:** Im Laub- und Nadelwald; Mykorrhizapilz; (Juli) August bis Oktober; nicht selten, doch nie in großen Mengen auftretend, in ganz Mittel- und Nordeuropa verbreitet. **Ähnliche Arten:** Rotfuß-Röhrling (S. 36), Hut ohne Olivton, felderig aufbrechend, Stiel im unteren Teil rötlich überzogen, weichfleischiger; Maronen-Röhrling (oben), mit dunkelbraunem Hut; Schmarotzer-Röhrling *(X. parasiticus)*, wächst parasitisch auf Kartoffelbovisten, seltene Besonderheit, eßbar (Achtung: der von ihm befallene Pilz ist giftig!).

Braunhütige Formen der Ziegenlippe ohne Olivton werden von modernen Autoren als Varietät abgetrennt: Brauner Filzröhrling *(X. subtomentosus* var. *ferruginosus)*. Das sichere Erkennen der Ziegenlippe setzt einige Kenntnis voraus. Das beste Merkmal ist die leuchtende Farbe der jungen, relativ weit stehenden Röhren.

Rotfuß-Röhrling

Xerocomus chrysenteron

eßbar

oben und Mitte

Merkmale: Hut feinsamtig, Oberfläche bei nicht zu feuchter Witterung felde-rig aufbrechend, in den entstehenden Rissen rötlich werdend, Farbe sehr va-riabel, reicht von dunkel rotbraun bis hell beige, 3–7 cm breit; Röhren bald olivgelb, auf Druck mehr oder weniger stark blauend; Stiel vor allem im unte-ren Teil rötlich überzogen, gelegentlich auch ohne Rot; Fleisch mit leicht säuerlichem Geruch und Geschmack, an Fraßstellen des Hutes oft rötend.
Vorkommen: Im Laub- und Nadelwald, in Parkanlagen; Mykorrhizapilz; (Juni) Juli bis November; überall häufig. **Ähnliche Arten:** Blutroter Röhrling *(X. rubellus)*, Hut und Stiel intensiv blutrot bis rosa, Fleisch sattgelb, deutli-cher blauend, eßbar; vor allem ausgeblaßte Exemplare können kaum vom Rotfuß-Röhrling unterschieden werden; Ziegenlippe (S. 34), Hut mit Oliv-ton, Röhren leuchtend gelb, Röhrenmündungen weiter, nicht oder kaum blauend; Falscher Rotfußröhrling (unten), mit wenig Rotanteil, im oberen Stielteil mit rötlicher Zone, Geruch nicht säuerlich.
Der Rotfuß-Röhrling wird wegen seines sehr häufigen Auftretens oft gesam-melt. Er ist als Mischpilz geeignet. Der etwas säuerliche Geschmack sagt nicht jedermann zu. Ältere Exemplare werden schnell schwammig und bei feuchter Witterung häufig vom sog. »Goldschimmel« befallen. Die zuerst weißlich und dann goldgelb überzogenen Fruchtkörper sind ungenießbar.

Falscher Rotfußröhrling

Xerocomus porosporus (X. truncatus)

eßbar

unten

Merkmale: Aussehen dem Rotfuß-Röhrling sehr ähnlich, Hut fein filzig, fel-derig aufbrechend, ohne rötliche Farbanteile, auch nicht an Rißstellen, 2–6 cm breit; Röhren schmutzig gelblich, auf Druck etwas blauend; Stiel nur im oberen Teil (außen wie innen) mit rötlicher Zone. **Vorkommen:** Im Laub- und Mischwald, besonders unter Eichen; Mykorrhizapilz; (Juni) Juli bis September; ist in Brandenburg und Berlin in gewissen Jahren nicht selten, Verbreitung in Deutschland sehr lückenhaft, wurde wahrscheinlich oft für den Rotfuß-Röhrling gehalten. **Ähnliche Arten:** Rotfuß-Röhrling (oben, Mit-te), Ziegenlippe (S. 34).
In Zweifelsfällen kann der Falsche Rotfußröhrling mikroskopisch an seinen Sporen leicht erkannt werden. Sie besitzen einen kleinen Keimporus und wir-ken dadurch an einer Seite wie abgestutzt. Die beiden wissenschaftlichen Namen beziehen sich auf dieses Merkmal: »*porosporus*« = Sporen mit Keim-porus versehen, »*truncatus*« = abgestutzt.

Birkenpilz

Leccinum scabrum

eßbar, gut
(gesch.)

Merkmale: Hut trocken und matt, im Alter klebrig, blaß bräunlich, rotbraun bis schwarzbraun, 5–10 cm breit; Röhren blaß cremeweißlich gefärbt, nachdunkelnd, bald polsterförmig unter dem Hut hervorschauend, auf Druck bräunend; Stiel auf weißlichem Grunde schwarz- oder braunschuppig; Fleisch im Anschnitt gewöhnlich nicht verfärbend, seltener schwach rosa werdend. **Vorkommen:** Unter Birken; auf allen Bodenarten; Mykorrhizapilz; Juni bis Oktober; häufig. **Ähnliche Arten:** Hainbuchen-Röhrling *(L. griseum)*, Hut meist hellbraun, mit grubigen Vertiefungen, Fleisch schwärzend, unter Hainbuchen; Vielverfärbender Birkenpilz *(L. variicolor)*, Fleisch im Längsschnitt blauend (Stielbasis) und rötend (Stielspitze, Hut); Pappel-Rauhfuß *(L. duriusculum)*, kräftige Art, Fleisch schwärzend, unter Pappeln. Die Rotkappen (S. 40) sind neben der gewöhnlich ziegelroten Hutfarbe außerdem an der am Rande überhängenden Huthaut zu erkennen.

Wegen seiner Veränderlichkeit wird der Birkenpilz in diverse Varietäten bzw. sogar Arten unterteilt. Blasse, fast weißhütige Formen, die in Mooren vorkommen *(L. holopus)* sind geschmacklich weniger gut. Bei ihnen ist oft bereits am Standort die Stielbasis grünlich gefärbt. Einige Birkenpilze besitzen schwach rosa verfärbendes Fleisch. Es handelt sich um den Rötenden Birkenpilz *(L. oxydabile)*. Varianten mit schwarzbraunem Hut werden als *L. melaneum* bezeichnet. Die Systematik der Birkenpilze ist noch sehr umstritten. Moderne Autoren neigen wieder dazu, die meisten Erscheinungsformen nur einer Art zuzuordnen.

Der Birkenpilz ist ein sehr beliebter Speisepilz. Ältere Fruchtkörper werden vor allem im Hutfleisch bald schwammig. Sie sollten stehenbleiben. Unter den Rauhfuß-Röhrlingen gibt es keinen Giftpilz. Die gesamte Gattung steht aber unter eingeschränktem Naturschutz. Das bedeutet: Sammeln nur für den eigenen Bedarf in angemessener Menge!

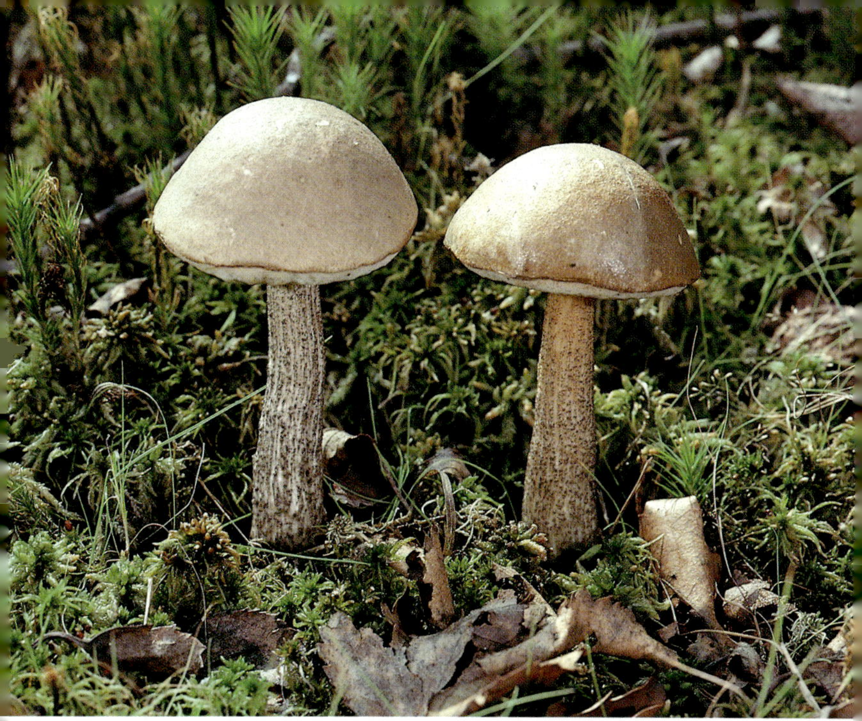
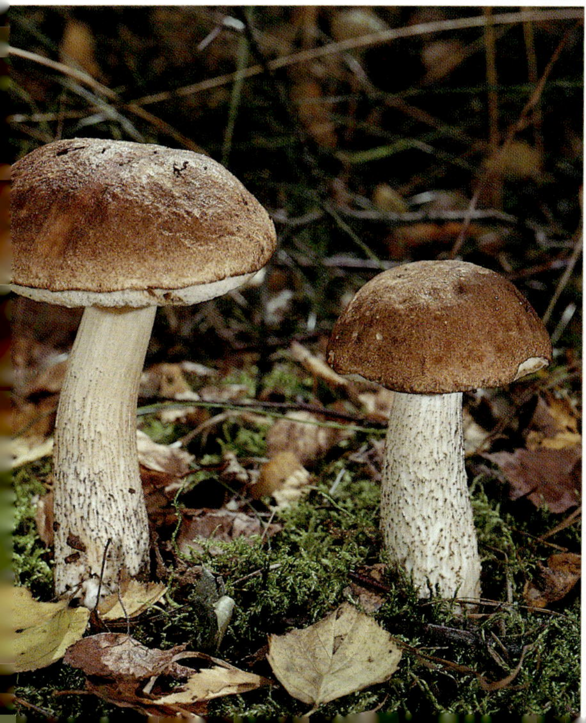
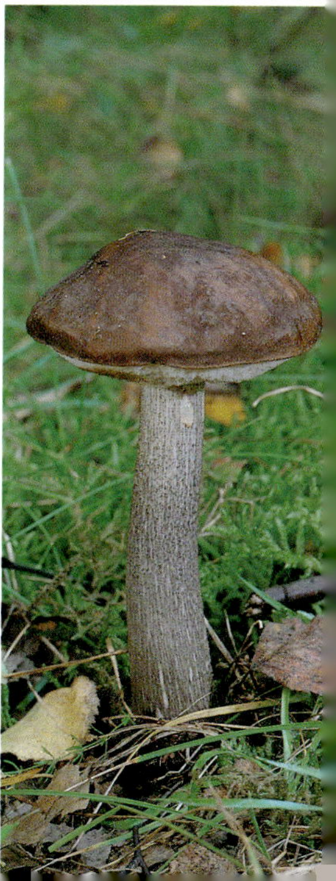

Heide-Rotkappe, Birken-Rotkappe

Leccinum versipelle (L. testaceoscabrum)

eßbar, sehr gut

(gesch.)

Merkmale: Hut ziegelrötlich, ziegelorange, gelbbraun, 5–15 cm breit, Huthaut am Rande kurz überhängend; Röhrenmündungen jung mit zartem Grauton; Stiel auf weißem Grund mit schwarzen, dichtstehenden Schüppchen (daher der Gattungsname »Rauhfüße«); Fleisch in Schnitt erst schiefergrau dann schwarz werdend, in Stielbasis vorübergehend blaugrün anlaufend. **Vorkommen:** Unter Birken, besonders in Heidelandschaften; Mykorrhizapilz; Juni bis Oktober; nicht selten, doch in einigen Gegenden stark rückläufig, im Bayerischen Wald und in Skandinavien noch häufiger. **Ähnliche Arten:** Espen-Rotkappe (unten), Stielschüppchen mehr rotbräunlich, unter Zitterpappeln wachsend; Birkenpilz (S. 38) und Verwandte, mit braunen Hutfarben, Huthaut nicht überstehend.

Das Fleisch der Rotkappen ist fester als das der Birkenpilze. Erstere sind daher die besseren Speisepilze.

Espen-Rotkappe

Leccinum rufum (L. aurantiacum)

eßbar, sehr gut

(gesch.)

Merkmale: Hut lebhaft orangerot bis orangebraun, Huthaut am Rande im Jugendzustand kurz überstehend, 5–15 cm breit; Röhren weiß bis cremefarben; Stiel mit rotbräunlichen Schüppchen; Fleisch zuerst leicht rötend, dann schwärzend. **Vorkommen:** Unter Zitterpappeln (Espen); Mykorrhizapilz; Juli bis Oktober; nicht häufig, in Deutschland lückenhaft auftretend, insgesamt etwas seltener als die Heide-Rotkappe. **Ähnliche Arten:** Heide-Rotkappe (oben), mit schwarzen Stielschüppchen und nicht rötendem Fleisch, unter Birken; Eichen-Rotkappe *(L. quercinum)*, besonders ähnlich, mit kräftigerem Wuchs, unter Eichen oder Buchen.

Die Stielschüppchen junger Espen-Rotkappen mit geschlossenen Hüten sind fast farblos. Sie werden erst später typisch rotbräunlich. Das beim Putzen oder Trocknen schwarz werdende Fleisch der Rotkappen beeinträchtigt ihren Speisewert nicht.

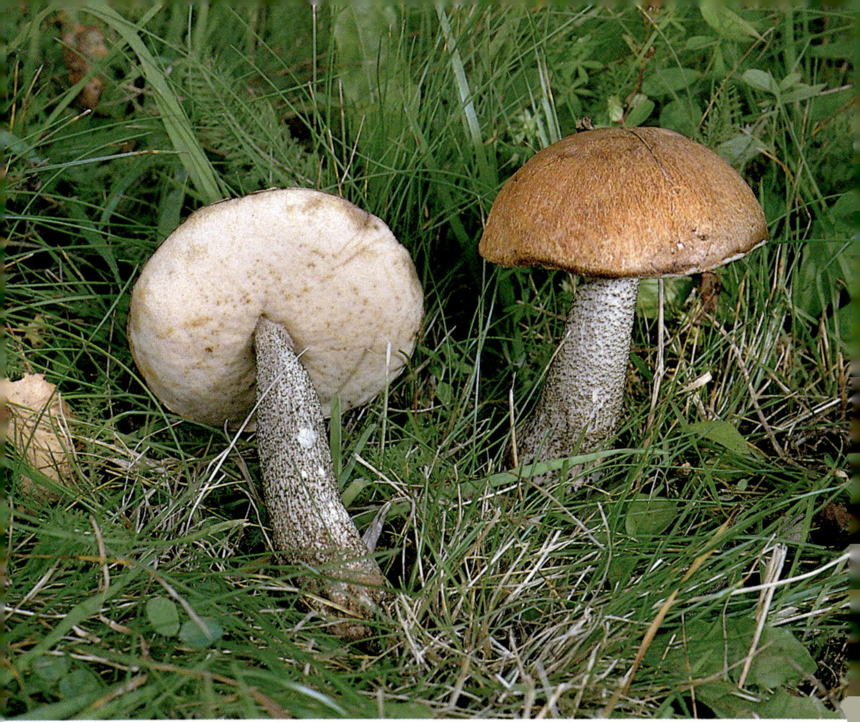
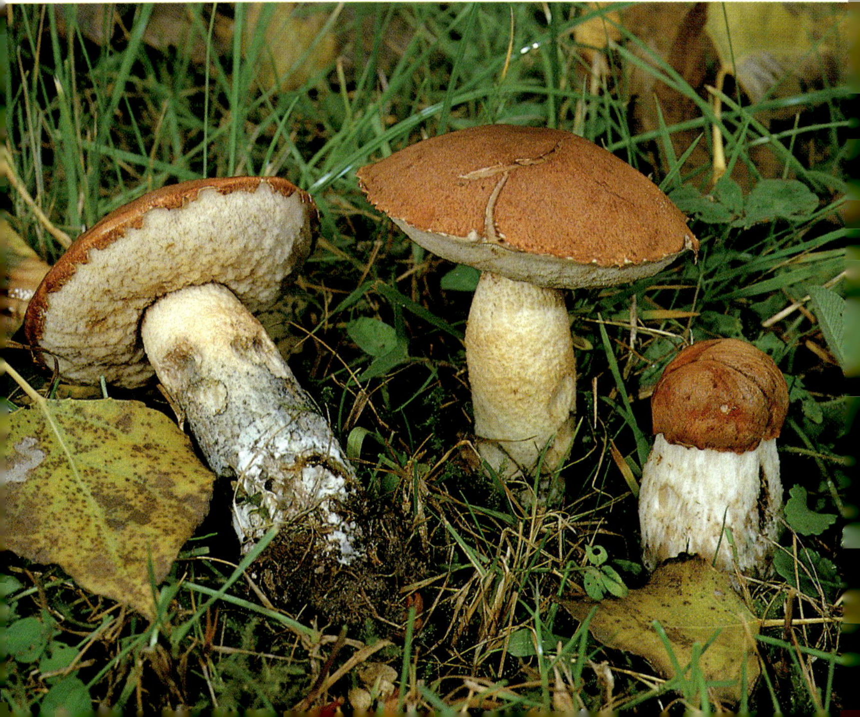

Hohlfuß-Röhrling

Boletinus cavipes

Merkmale: Filziger, rotbrauner oder goldgelber Hut, 3–10 cm breit; gelbliche, weitporige Röhren, diese ungleich lang und daher abgestuft; beringter, innen hohler Stiel. **Vorkommen:** Unter Lärchen; auf kalkhaltigen wie sauren Böden vorkommend, besonders im Gebirge; Mykorrhizapilz; Juli bis Oktober; relativ häufig, doch im Flachland sehr zerstreut wachsend. **Ähnliche Arten:** Andere beringte Röhrlinge wie Butter-Röhrling (S. 44) und Gold-Röhrling (S. 44) besitzen glatte, schmierige Hüte und einen vollen Stiel; Asiatischer Schuppenröhrling *(B. asiaticus)*, mit karminroten Farben an Hut und Stiel, in Europa extrem selten, eßbar.

Schon junge Fruchtkörper des Hohlfuß-Röhrlings besitzen einen ausgehöhlten Stiel und sind daher gut zu erkennen. Der filzig-häutige Ring verdeckt zunächst die jungen Röhren und bleibt später als Ringzone am oberen Stielteil zurück. Wegen seines elastisch-zähen Fleisches, welches im Alter einen unangenehm kratzenden Beigeschmack bekommt, ist der Speisewert eingeschränkt. Eine Form mit goldgelb gefärbtem Hut wird als var. *aurea* bezeichnet. Beide Varianten sind etwa gleich häufig und wachsen oft dicht nebeneinander.

Pfeffer-Röhrling

eßbar, Würzpilz

Chalciporus (Boletus, Suillus) piperatus

Merkmale: Einer der kleinsten einheimischen Röhrlinge; Hut klebrig-schmierig, 2–5 cm breit; Röhrenschicht reif rostbraun; Fleisch in Stielbasis leuchtend orangegelb, mit pfefferig-scharfem Geschmack. **Vorkommen:** Im Nadel- und Mischwald, vor allem unter Fichten und Kiefern; ohne bestimmte Bodenansprüche; Mykorrhizapilz; Juli bis Oktober (November); häufig, doch nie in großen Gruppen wachsend, in Deutschland gleichmäßig verbreitet. **Ähnliche Arten:** Falscher Pfefferröhrling *(C. amarellus)*, Geschmack nicht scharf, sondern bitterlich; Rubinroter Röhrling *(C. rubinus)*, mit rubinroten Röhren, mild schmeckend, sehr selten.

In größeren Mengen genossen ist der Pfeffer-Röhrling wegen seiner Schärfe eher ungenießbar. Er sollte einem Gericht in geringer Menge als Pfefferwürze beigegeben werden. Beim Trocknen bleibt der scharfe Geschmack nicht lange erhalten.

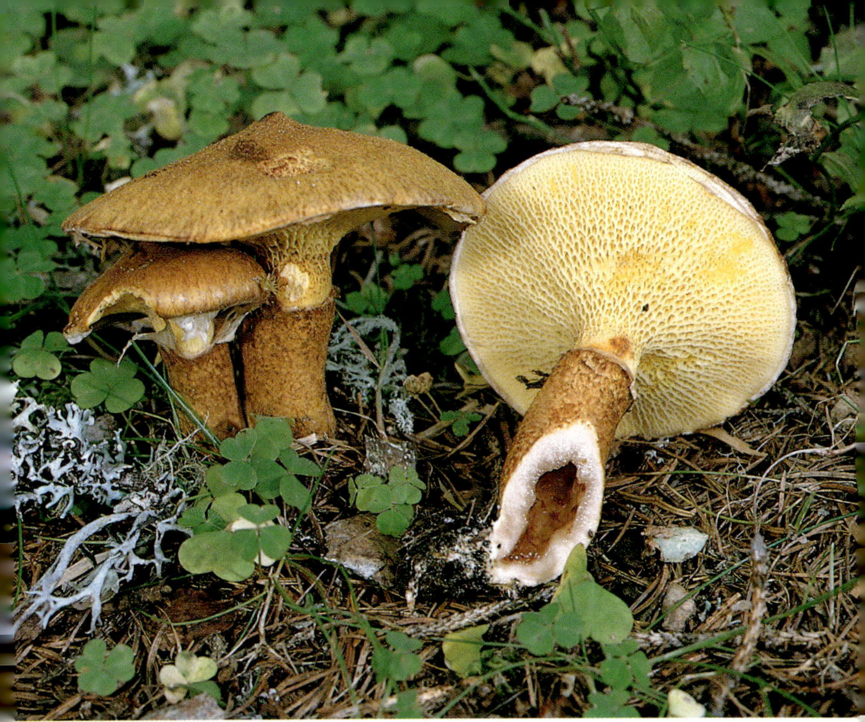

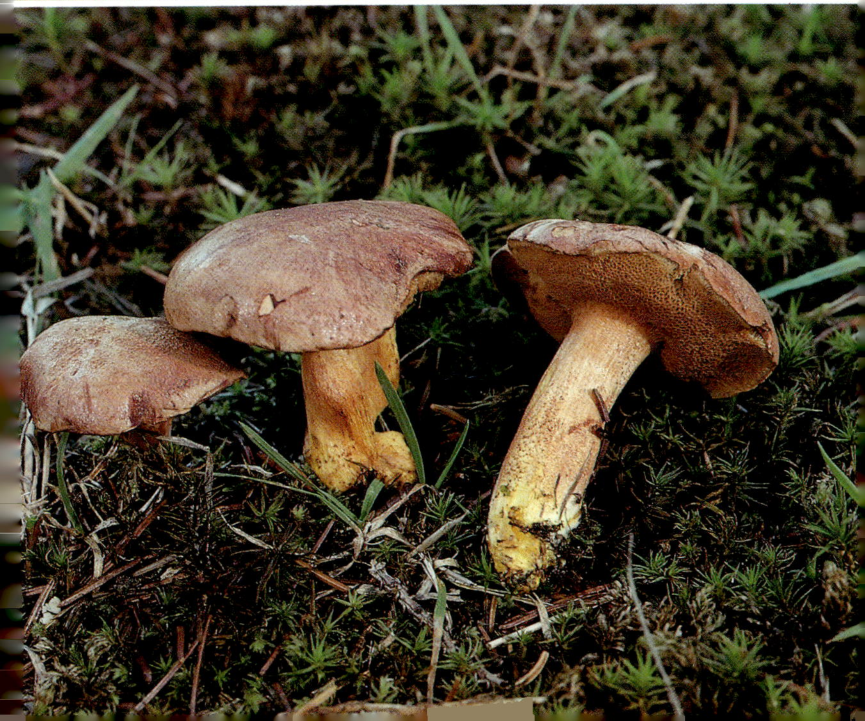

Butter-Röhrling, Butterpilz

eßbar, gut (!)

Suillus luteus

Merkmale: Hut dunkelbraun, bei feuchter Witterung schmierig, 4–10 cm breit; Röhren hellgelb bis goldgelb; Stiel mit häutigem, aufsteigendem Ring, an der Spitze kleine Tropfen ausscheidend, punktiert. **Vorkommen:** Unter Kiefern; besonders auf Sandböden; Mykorrhizapilz; Juli bis Oktober; gebietsweise häufig, mit gleichmäßiger Verbreitung in Deutschland. **Ähnliche Arten:** Gold-Röhrling (unten), heller gefärbt, Stiel nur mit schwächerer Ringzone, unter Lärchen; Körnchen-Röhrling (S. 46), Hut heller, ohne Ring, im Kiefernwald; Ringloser Butterpilz *(S. fluryi)*, dunkler Hut, Stiel ringlos, an Basis mit rosa Myzel, liebt Kalkböden, selten, eßbar.

Der Butter-Röhrling zählt nach wie vor zu den guten Speisepilzen. In der Literatur wurden aber seltene Fälle bekannt, in denen nach dem Genuß allergieartige Erscheinungen auftraten (vgl. auch Kahler Krempling). Wer allergisch veranlagt ist oder nach der Mahlzeit Nebenwirkungen verspürt, sollte den Pilz lieber meiden. Die bei Regenwetter stark aufquellende Huthaut läßt sich gut abziehen. Sie ist für den Pilz ein wirksamer Schutz gegen Schneckenfraß.

Gold-Röhrling

eßbar, gut

Suillus grevillei

Merkmale: Hut goldgelb, goldbraun oder rotbraun, schleimig, 4–10 cm breit; Röhren hellgelb; Stiel mit schwach häutigem Ring oder schleimiger Ringzone. **Vorkommen:** In Wäldern, Gärten und Parkanlagen unter Lärchen; auf allen Bodenarten; Mykorrhizapilz; Juni bis Oktober (November); in ganz Mitteleuropa häufig. **Ähnliche Arten:** Butter-Röhrling (oben), Hut dunkelbraun, unter Kiefern; Rostroter Lärchenröhrling *(S. tridentinus)* und Grauer Lärchenröhrling *(S. viscidus)*, beide beringte Lärchenbegleiter, doch nur auf kalkhaltigen Böden.

Zur Gattung der Schmierröhrlinge *(Suillus)* gehören Arten mit schleimigen oder schmierig-klebrigen Hüten. Dieses Merkmal wird jedoch nur bei Regenwetter deutlich. Bei trockener Witterung besitzen die Hüte einen typischen Glanz. Eine Ausnahme ist hier der Sand-Röhrling (S. 48), dessen Hut eher filzig-körnig wirkt. Bei ihm stellt sich nur bei längerem Regen ein leichter Schmiereffekt ein.

Körnchen-Röhrling

eßbar, gut

Suillus granulatus

Merkmale: Hut hellgelb, gelbbraun oder rötlichbraun, feucht schmierig, 4–10 cm breit; Röhren gelb, in der Jugend milchige Tröpfchen absondernd; Stiel ringlos, jung mit Milchtröpfchen, die bei reifen Pilzen durch ausfallende Sporen dunkel gefärbt werden und eintrocknen (Körnchen). **Vorkommen:** Unter Kiefern; besonders auf kalkhaltigen Böden; Mykorrhizapilz; Juli bis Oktober; gegendweise häufig, Hauptverbreitung in Deutschland ab dem Bayerischen Wald südwärts, im Norden sehr lückenhaft; in Österreich und der Schweiz in Kalkgebieten nicht selten. **Ähnliche Arten:** Kuh-Röhrling (unten), Stiel nicht punktiert, zähfleischig; Butter-Röhrling (S. 44) und Gold-Röhrling (S. 44), beide beringt.

Der Körnchen-Röhrling wird, wie viele Schmierröhrlinge, im Fleisch bald weichlich. Er sollte daher möglichst jung verwendet werden.

Kuh-Röhrling

eßbar, zähfleischig
nur die Pilzgruppe links auf dem Foto unten

Suillus bovinus

Merkmale: Hut leder- bis fleischbräunlich, kuhbraun, kahl und glatt, etwas schmierig, 3–8 cm breit; Röhren schmutzig olivgelblich, relativ weitstehend, Mündungen fast rhombisch, in der Tiefe abgestuft; Stiel ohne auffallende Musterung; Fleisch etwas zäh. **Vorkommen:** Unter Kiefern; auf Sandböden manchmal massenhaft in dichten Gruppen stehend; Mykorrhizapilz; Juni bis November; häufig in ganz Mitteleuropa. **Ähnliche Arten:** Körnchen-Röhrling (oben), mit sattgelben, feineren Röhren und punktiertem Stiel; Sand-Röhrling (S. 48), Hut filzig-körnig wirkend, Röhren dunkler, wächst an gleichen Standorten wie der Kuh-Röhrling (Charakterpilze des sandigen Kiefernwaldes).

Der Kuh-Röhrling ist wegen seiner Zähfleischigkeit kein guter Speisepilz und somit höchstens im Mischgericht verwendbar. In direkter Gesellschaft wächst oft der ebenfalls eßbare Rosenrote Schmierling *(Gomphidius roseus;* die 2 rechten Pilze auf dem Foto unten). Sein 2–5 cm breiter Hut ist bei Regenwetter schmierig und fällt durch die leuchtende Farbe besonders auf. Wie bei allen Schmierlingen oder Gelbfüßen (vgl. den Großen Gelbfuß, S. 52) laufen die Lamellen deutlich herab. Der weiße Stiel ist durch die ausfallenden Sporen gelegentlich schwarz bestäubt. Manchmal sind der Kuh-Röhrling und der Rosenrote Schmierling an der Stielbasis direkt verwachsen. Man glaubt daher an eine Lebensgemeinschaft.

Sand-Röhrling

Suillus variegatus

Merkmale: Hut mit vorwiegend gelben bis olivgelben Farben, filzig-matt bis feinkörnig wirkend, später verkahlend, nur bei längerem Regen klebrig-schmierig, 4–12 cm breit; Röhren dunkler als der Hut, jung mit Olivton, eng-stehend; Fleisch schwach blauend, jedoch nicht immer. **Vorkommen:** Unter Kiefern; Mykorrhizapilz; Juni bis November; häufig, in ganz Mittel- und Nordeuropa verbreitet. **Ähnliche Arten:** Kuh-Röhrling (S. 46), Hut etwa, mehr kuhbräunlich, Röhren grober, dem Hut etwa gleichfarbig; Kornblumen-Röhrling *(Gyroporus cyanescens)*, Hut strohgelblich, fast grob filzig, Röhren sehr hell, ganzer Pilz bei der geringsten Berührung stark königsblau anlaufend, relativ selten, eßbar.

Der Sand-Röhrling besitzt kein starkes Aroma und gehört deshalb zu den Mischpilzen.

Strubbelkopf-Röhrling

Strobilomyces strobilaceus (S. floccopus)

Merkmale: Hut und Stiel dunkelbraun bis schwarzbraun; Hut grob dachzie-gelartig beschuppt, 5–10 cm breit; Röhren grob, grauweißlich, dann dunkler; Stiel wollig-flockig; Fleisch im Schnitt erst rötend, dann schwärzend. **Vorkommen:** Im Laub- und Nadelwald, unter Fichten, Tannen oder Buchen; Mykorrhizapilz; Juli bis Oktober; lokal häufiger, in Norddeutschland nur ver-einzelt. **Ähnliche Arten:** Porphyr-Röhrling (unten), Farben ebenfalls düster, Hut und Stiel jedoch nicht schuppig, ungenießbar.

Der Speisewert dieser Art wird unterschiedlich bewertet. Wegen des etwas dumpfen Geruchs und zähen Stielfleisches bewerte ich ihn für die Küche als ungeeignet. Andere Autoren bezeichnen ihn als eßbar. Er tritt nie in großen Mengen auf.

Porphyr-Röhrling, Düsterer Röhrling

Porphyrellus porphyrosporus (P. pseudoscaber)

Merkmale: Hut, Röhrenfutter und Stiel dunkelbraun; Hut kahl, matt bis fein-samtig, 4–12 cm breit; Fleisch grauweißlich, im Schnitt entweder rötend oder blaugrün anlaufend, schließlich fast schwärzend, mit muffigem Geruch. **Vorkommen:** Im Laub- und Nadelwald, besonders im Mittelgebirge; Myko-rrhizapilz; Juni bis Oktober; relativ häufig in Mittel- und Süddeutschland, im Norden selten. **Ähnliche Arten:** Strubbelkopf-Röhrling (Mitte), ebenfalls dun-kel gefärbt, jedoch mit auffallenden Hutschuppen.

Der ungiftige Porphyr-Röhrling ist wegen seines muffig-bitterlichen und manchmal auch schärflichen Nachgeschmacks ungenießbar. Rötende und blaugrün verfärbende Sippen wurden zwischenzeitlich verschiedenen Arten zugeordnet. Heute weiß man, daß die Unterschiede mit dem Alter der Pilze und verschiedenen Standortfaktoren zusammenhängen.

Kahler Krempling

giftig, besonders roh
oben links

Paxillus involutus

Merkmale: Hut gelbbraun, ocker- bis rotbraun, 4–12 (25) cm breit, zuerst mit kleinem Buckel, dann in der Mitte vertieft, Rand leicht gerippt, filzig, lange eingekrempelt; Lamellen am Stiel herablaufend, oft mit Querverbindungen; Stiel kahl; ganzer Pilz sehr druckempfindlich, bei Berührung bräunend. **Vorkommen:** Im Laub- und Nadelwald, in Parks und Gärten; unsteter Mykorrhizapilz; Juni bis November; sehr häufig, Massenpilz in ganz Mitteleuropa. **Ähnliche Arten:** Erlen-Krempling *(P. rubicundulus)*, Hut mehr geschuppt, unter Erlen, Speisewert unbekannt; Samtfuß-Krempling (oben rechts), Holzbewohner, Hut und Stiel braunsamtig, ungenießbar; Olivbrauner Milchling (S. 156), verletzt milchend, Geschmack scharf.

Der Kahle Krempling war ein beliebter Marktpilz. Wiederholter Genuß kann (auch nach vorherigem Abkochen) bei bestimmten Personen zu Blutauflösung und Nierenversagen führen. Rohe Pilze sollen u. a. das Nervengift Muskarin enthalten. Der Handel mit dem Kahlen Krempling ist in Deutschland seit etlichen Jahren verboten.

Samtfuß-Krempling

ungenießbar
oben rechts

Paxillus atrotomentosus

Merkmale: Hut braun, feinsamtig, 10–25 cm breit; Lamellen kurz herablaufend; Stiel braunsamtig überzogen, kompakt, meist seitlich sitzend und ziemlich kurz; Fleisch relativ zäh. **Vorkommen:** An moderigen Nadelholzstümpfen, vor allem Fichte und Kiefer; Saprophyt an totem Holz; Juli bis November; in ganz Mitteleuropa häufig. **Ähnliche Arten:** Kahler Krempling (oben links), Hut und Stiel nicht samtig, Bodenbewohner, giftig.

Der dumpfe Geschmack und das zähe Fleisch machen den Pilz ungenießbar. Er enthält keine bekannten Gifte, wohl aber interessante Farbstoffe (Kochwasser färbt sich blau), die ihn zum hobbymäßigen Färben von Stoffen geeignet machen.

Falscher Pfifferling

eßbar (!)
unten

Hygrophoropsis aurantiaca

Merkmale: Hut blaßgelblich bis kräftig orange, feinfilzig, 2–6 cm breit; Lamellen herablaufend, mehrfach gegabelt; Fleisch weichlich, geruch- und geschmacklos. **Vorkommen:** Im Nadelwald, am Boden und an Holz (morsche Stümpfe, Ästchen, Rindenstücke); Saprophyt; (August) September bis November; überall häufig. **Ähnliche Arten:** Echter Pfifferling (S. 164), festfleischig, Geruch typisch mirabellenartig, Geschmack roh schärflich, erscheint schon ab Juni; Ockerbräunlicher Trichterling (S. 88), blaß, dünnfleischig, mit weißen Lamellen; weitere, entfernt ähnliche Trichterlinge können giftig sein. Der Falsche Pfifferling kann als Mischpilz verwendet werden, ist aber geschmacklich nicht wertvoll. Empfindliche Personen können nach reichlicherem Genuß Verdauungsbeschwerden bekommen. Eine Verwandtschaft zum Echten Pfifferling besteht nicht. Letzterer gehört zu den Leistenpilzen.

Großer Gelbfuß, Kuhmaul

Gomphidius glutinosus

eßbar, gut

Merkmale: Hut graubräunlich, bei feuchtem Wetter dick schleimig, 5–10 cm breit; Lamellen dicklich, gegabelt, herablaufend, erst farblos, dann grauschwärzlich; Stiel mit schleimiger Ringzone, Stielbasis innen und außen chromgelb. **Vorkommen:** Im Nadelwald unter Fichten; Mykorrhizapilz; (Juli) August bis Oktober; häufig, in Süddeutschland sehr verbreitet, im Norden lückenhaft. **Ähnliche Arten:** Fleckender Gelbfuß *(G. maculatus)*, Fleisch erst rötend, dann schwärzend, Hut oft dunkel gefleckt, Lärchenbegleiter, eßbar; Kupferroter Gelbfuß (unten), mit kupferrötlichen Farbtönen, weniger schleimig, unter Kiefern.

Die bei jungen Pilzen Hutrand und Stiel verbindende Schleimschicht zieht beim Aufschirmen Fäden. Daher der Name »Kuhmaul«. Beim Sammeln sollte die Huthaut an Ort und Stelle entfernt werden. Kleine Exemplare mit geschlossenem Hut erinnern an den Butter-Röhrling.

Kupferroter Schmierling

Gomphidius (Chroogomphus) rutilus

eßbar, gut

Merkmale: Hut kupferfarben oder rotbraun, schmierig-klebrig, 3–8 cm breit; Pilz in allen Teilen etwa gleichfarbig; Lamellen später fast schwärzlich; Stiel zuspitzend; Fleisch in Stielbasis chromgelb. **Vorkommen:** Unter Kiefern; ohne besondere Bodenansprüche; Mykorrhizapilz; Juli bis November; häufig, in Norddeutschland lückenhafter verbreitet als im Süden. **Ähnliche Arten:** Filziger Gelbfuß *(G. helveticus)*, Hut feinfilzig, trocken, Farben mehr orangegelb, im Alter weinrötlich, seltenerer Fichtenbegleiter in Süddeutschland, vor allem aber Schweiz und Österreich, eßbar.

In gemischten Nadelwäldern mit Fichten und Kiefern (z. B. im Schwarzwald oder in Tirol) können beide Arten zugleich vorkommen. Eine Verwechslung ist für den Speisepilzsammler ungefährlich. Alle Gelbfüße besitzen nahezu schwarzes Sporenpulver. Deshalb ist bei älteren Pilzen die Stielspitze durch die ausfallenden Sporen oft schwärzlich bestäubt.

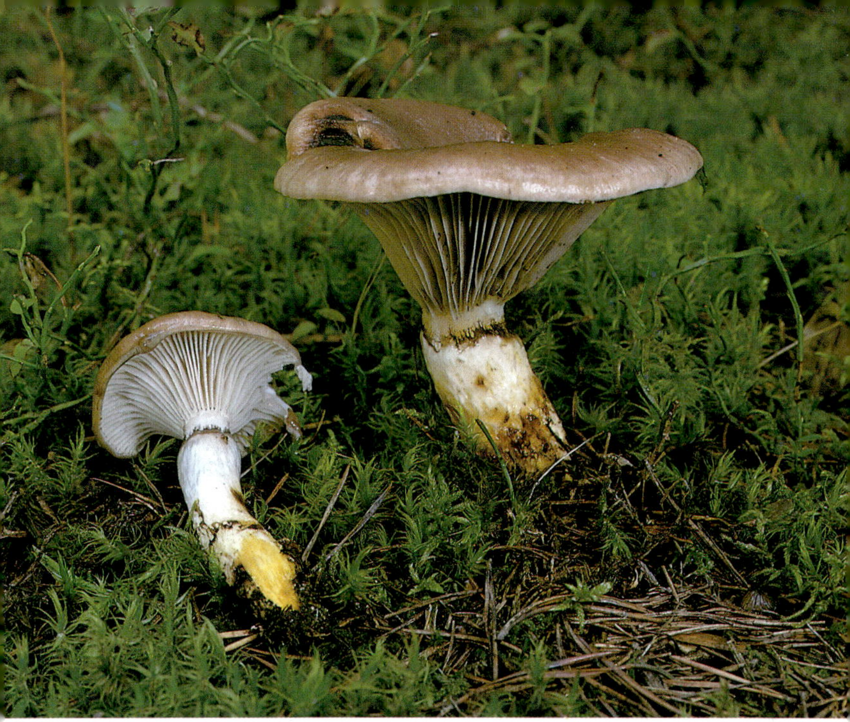

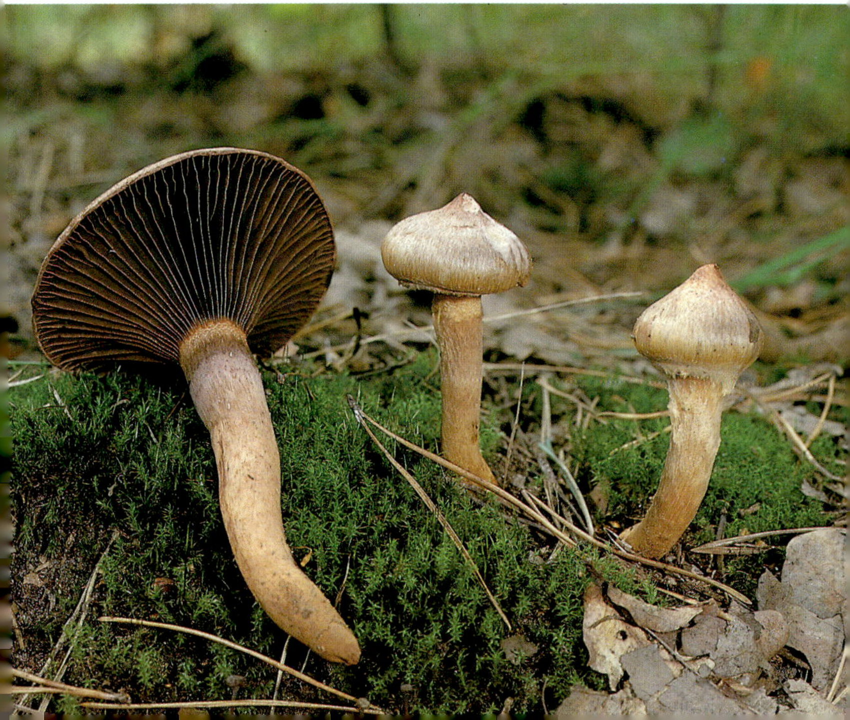

Wiesen-Champignon, Feld-Egerling

eßbar, gut

Agaricus campestris

Merkmale: Hut weiß, 3–8 cm breit; Lamellen frei, schön rosa, dann schokoladenbraun; Stiel mit schwach ausgebildetem Ring, Basis meist zugespitzt; Fleisch weiß, etwas fleischrosa anlaufend, Geruch neutral, angenehm. **Vorkommen:** Auf gedüngten Wiesen und Feldern, Schafweiden, in Gärten; bildet oft Hexenringe; Saprophyt; Mai bis Oktober; in ganz Mitteleuropa häufig. **Ähnliche Arten:** Schaf-Champignon (S.58), größer, mit Anisgeruch, gilbend, eßbar; Zucht-Champignon (unten), Stielring ausgeprägter, oft trichterartig aufsteigend, an Kompostplätzen, eßbar; Gedrungener Champignon (S.56), im Walde wachsend, derbfleischiger, eßbar; Karbol-Champignon (S.60), gilbend, mit Karbolgeruch, giftig; weiße, tödlich giftige Knollenblätterpilze (S.74, 76) haben bleibend weiße Lamellen!

Der Name Wiesen-Champignon ist so populär, daß die meisten Sammler fast alle weißen Arten dafür halten. Man achte beim Sammeln besonders auf den Geruch, der beim Wiesen-Champignon wenig auffällig, doch nicht anisartig ist. Der Neuling sollte sich unbedingt mit den Merkmalen des leicht giftigen Karbol-Champignons vertraut machen.

Zucht-Champignon, Zweisporiger Champignon

eßbar, gut

Agaricus bisporus (A. hortensis)

Merkmale: Hut reinweiß bis bräunlich, manchmal mit angedeuteten, anliegenden Schuppen, 4–10 cm breit; Lamellen frei, rosa, dann schokoladenbraun; Stiel beringt, Ring dick, gerade abstehend oder trichterig aufsteigend; Fleisch schwach rötend, mit unauffälligem Geruch. **Vorkommen:** An gedüngten Orten, Äckern, Komposthaufen, Mistbeeten, in Gärten, selten auch im Wald; Saprophyt; Mai bis November; nicht häufig, in ganz Deutschland sehr lückenhaft im Freiland verbreitet. **Ähnliche Arten:** Stadt-Champignon (S.56), mit trichterförmigem Stielring und angedeuteter zweiter Ringzone, sehr festfleischig; braune Formen können für den seltenen Kompost-Champignon *(A. vaporarius)* gehalten werden; vgl. auch Schaf-Champignon (S.58), Gedrungener Champignon (S.56) und giftiger Karbol-Champignon (S.60).

Der Zucht-Champignon gehört zu den wenigen Pilzarten, die (vor allem wenn sie aus einer Kultur kommen) für den Rohgenuß empfohlen werden. Er verwildert leicht und ist daher an Komposthaufen häufiger zu finden. Durch sein variables Äußeres ist ein Erkennen nicht immer leicht. In Zweifelsfällen entscheidet bei der Bestimmung das Mikroskop. Der Zucht-Champignon bildet an jeder Basidie nur zwei Sporen aus. Alle anderen ähnlich aussehenden Champignons sind viersporig.

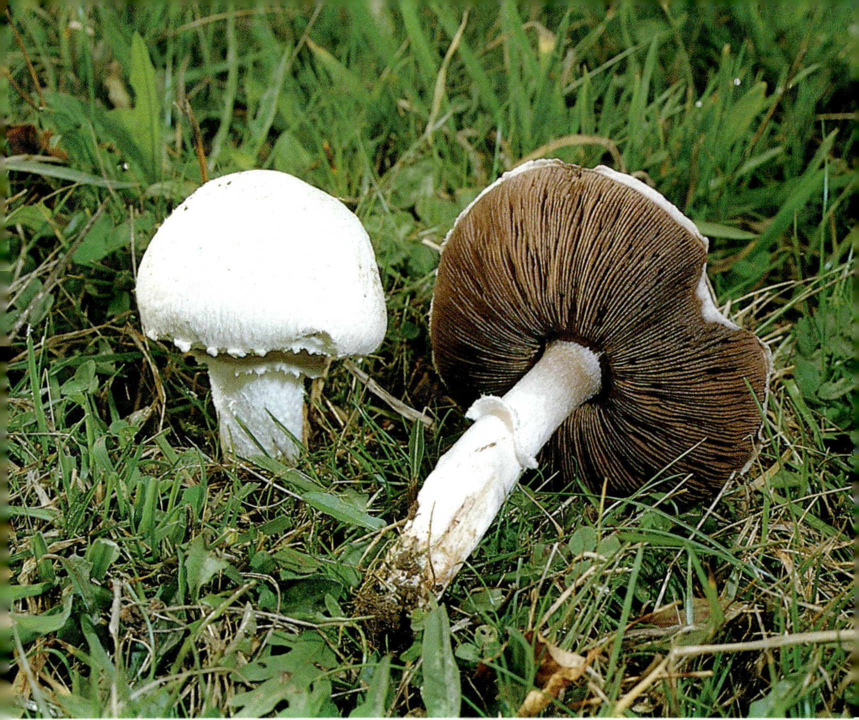

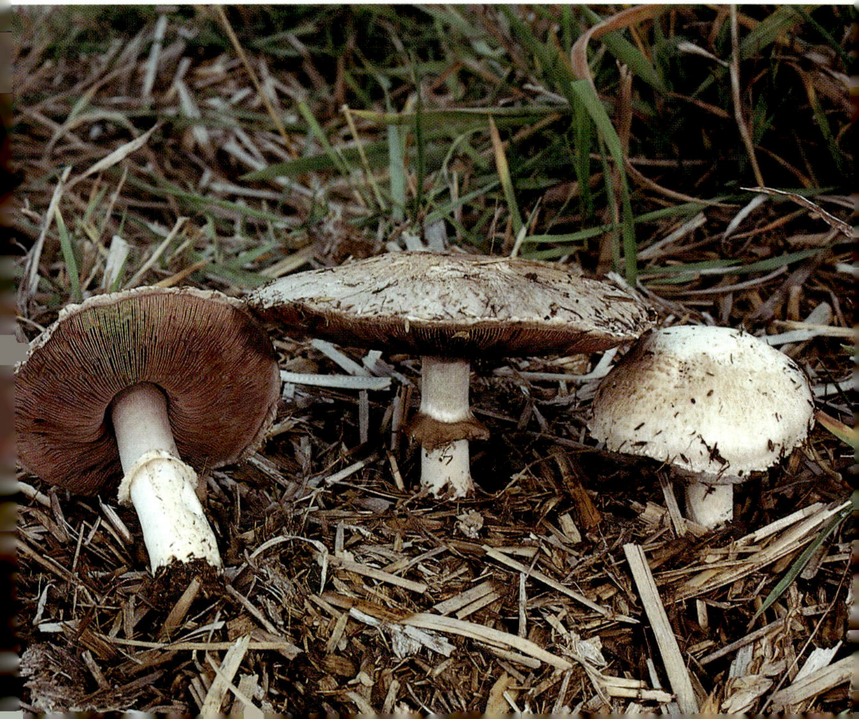

Stadt-Champignon, Scheiden-Egerling

eßbar, gut

Agaricus bitorquis (A. edulis)

Merkmale: Hut weiß, jung fast kastenförmig, 4–12 cm breit; Lamellen frei, rosa, dann schokoladenbraun; Stiel doppelt beringt, oberer Ring trichterförmig aufsteigend; Fleisch fest, leicht rötend, Geruch unauffällig. **Vorkommen:** In Parks, Gärten, auf Gehwegen am Fuße von Straßenbäumen, nur selten im Walde; Saprophyt; Mai bis September (Oktober); häufig, jedoch in Deutschland eher lückenhaft verbreitet. **Ähnliche Arten:** Gedrungener Champignon (unten), Zucht-Champignon (S. 54), beide nur mit einfachem Ring.

Stadt-Champignons entwickeln sich tief in der Erde und erheben sich in sandigen Gebieten kaum über dem Erdboden. In Mecklenburg-Vorpommern werden sie mit noch geschlossenen Hüten als »Erdchampignons« regelrecht ausgegraben. Leider sind auch junge Fruchtkörper oft schon von Maden befallen. Die Art wird in neuerer Zeit mit Erfolg kultiviert.

Gedrungener Champignon

eßbar, gut
RL 3

Agaricus spissicaulis

Merkmale: Hut flachgedrückt, weiß, bald mit angedeuteter gelblicher bis graubräunlicher Schuppenzeichnung, 4–8 cm breit; Lamellen frei, zuerst rosa, dann braun; Stiel oft kurz, mit hängendem Ring; Fleisch schwach rötend, Geruch unbedeutend, manchmal etwas mandelartig. **Vorkommen:** Auf Wiesen, an grasigen Waldrändern, im Gebüsch von Parkanlagen; Saprophyt; Juni bis September; selten, in Deutschland sehr zerstreut. **Ähnliche Arten:** Wiesen-Champignon (S. 54), dünner und weichfleischiger, ohne Mandelgeruch; Stadt-Champignon (oben), doppelt beringt, oberer Ring aufsteigend.

Der Gedrungene Champignon ist nicht leicht zu erkennen. Ein weiteres Merkmal sind die an der Lamellenschneide vorhandenen Zystiden. Sie sind mit einer Lupe als feinflockiger Rand zu sehen. Beim Wiesen-Champignon fehlen derartige sterile Zellen. Oft ist dem Sammler nicht bekannt, daß in Deutschland mehr als 50 verschiedene Champignonarten vorkommen. Die Bestimmung ist mitunter schwierig. Mindestens 5 Arten sind giftig und erzeugen Verdauungsstörungen!

Schaf-Champignon, Weißer Anisegerling

eßbar, gut

Agaricus arvensis

Merkmale: Hut weiß, später gilbend, kahl oder fein flockig, 5–15 cm breit; Lamellen frei, lange blaß graurosa, dann schokoladenbraun; Stielring unterseits zahnradartig (junge Exemplare); Fleisch beim Reiben gilbend, Geruch nach Anis oder Vogelsand. **Vorkommen:** Auf Wiesen und Feldern, in Parkanlagen, an Waldrändern; einzeln bis gesellig wachsend; Saprophyt; Mai bis Oktober; überall häufig. **Ähnliche Arten:** Giftiger Doppelgänger: Karbol-Champignon (S. 60), Ringunterseite mit scharfer, umlaufender Kante, Fleisch vor allem in Stielbasis chromgelb werdend, mit Karbolgeruch; Sommer-Champignon (*A. aestivalis*), weiße Art mit schön rosa »aufblühenden« Lamellen, ohne Anisgeruch, seltener, eßbar; Großsporiger Champignon (*A. macrosporus*), besonders große, seltene Art, Hut bis 50 cm breit, Wiesenbewohner; Schiefknolliger Anisegerling (*A. essettei*), mit oft abgebogener, knolliger Stielbasis, Waldbewohner; Dünnfleischiger Anisegerling (*A. silvicola*), zierlicher und dünnfleischiger, Ring unterseits nicht zahnradartig, in Wäldern; Rissigschuppiger Champignon (*A. fissuratus*), mit rissigem, feinschuppigem Hut, Küstenwiesenbewohner. Die vier letztgenannten Arten gehören zur sog. »*arvensis*-Gruppe«, sie gilben, riechen nach Anis und sind eßbar.

Der Schaf-Champignon ist der häufigste Vertreter dieses Verwandtschaftskreises. Er ist sehr veränderlich und nicht immer leicht von anderen Arten der Gruppe zu unterscheiden. In Zweifelsfällen kann er anhand der Sporengröße mit dem Mikroskop identifiziert werden. Der Dünnfleischige Anisegerling besitzt z. B. deutlich kleinere Sporen. Der nicht jedermann zusagende Anisgeruch verliert sich bei der Zubereitung. Manchmal bleiben die Lamellen des Schaf-Champignons nahezu weiß, weil der Pilz keine Sporen entwickelt (Sterilität). Eine Verwechslungsgefahr mit weißen Knollenblätterpilzen ist dann besonders groß.

Die gelbwerdenden Champignons sind als Schwermetallsammler bekannt. Die Fruchtkörper speichern mehr Kadmium als die Arten mit rötendem Fleisch. Durch den Erhitzungsprozeß (auch durch Einfrieren), die Zerkleinerung und Zubereitung wird der Belastungswert nachweislich verringert. Da niemand ständig massenhaft Pilze essen kann, geht in Fachkreisen allgemein der Trend dahin, nicht mehr vor der Schwermetallbelastung in Speisepilzen zu warnen.

Karbol-Champignon

giftig

Agaricus xanthoderma

Merkmale: Hut kalkweiß, seltener auch leicht grau bis erdfarben, 4–12 cm breit; Lamellen frei, selten kurz rosa aufblühend, meist graurosa, schließlich schokoladenbraun; Stiel beringt, Ring unterseits mit scharfer, umlaufender Kante; Fleisch gilbend, Geruch nach Karbol (auch nach Tinte). **Vorkommen:** In lichten Mischwäldern, Parkanlagen, Gärten, auf Wiesen; Saprophyt; Mai bis September; lokal häufig, oft an den selben Standorten wie die eßbaren Arten zu finden. **Ähnliche Arten:** Gilbende Champignons, vor allem Schaf-Champignon (S. 58), mit Anisgeruch, Ringunterseite sternförmig oder zahnradartig (junge Hüte beobachten).

Der Karbol-Champignon kann heftige Verdauungsstörungen hervorrufen, verbunden mit Übelkeit und Erbrechen. Gleichzeitiger Alkoholgenuß verstärkt die Wirkung. In einigen Fällen wurde er auch ohne Schaden verzehrt. Um bei der Bestimmung den typischen Geruch zu verstärken, sollte der Pilz mit dem Messer an der Stielknolle leicht geschabt werden. Dort ist auch die chromgelbe Verfärbung des Fleisches besonders deutlich.

Perlhuhn-Champignon

giftig

Agaricus praeclaresquamosus (A. meleagris)

Merkmale: Hut auf weißem Untergrund fein anliegend grau- oder schwarzschuppig (wie ein Perlhuhngefieder), 5–12 cm breit; sonst wie der Karbol-Champignon. **Vorkommen:** Im Laub- und Nadelwald, Parkanlagen; Saprophyt; Juli bis Oktober; selten, aber standortstreu, in Deutschland sehr lückenhaft verbreitet.

Der Perlhuhn-Champignon ist mit dem Karbol-Champignon verwandt. Das chromgelbe Anlaufen des Fleisches in der Stielknolle ist bei beiden identisch. Jedoch ist der Karbolgeruch oft nur schwach ausgebildet. Giftwirkung siehe oben.

Rebhuhn-Champignon

giftig
RL R

Agaricus phaeolepidotus

Merkmale: Hut auf weißem Grund mit feinen, bräunlichen, nicht abstehenden Schuppen, 5–10 cm breit; andere Merkmale wie vorgehende Arten, gelbliche Fleischverfärbung sowie Karbolgeruch sind oft schwach ausgebildet und können übersehen werden. **Vorkommen:** In Laubwäldern sowie in Parkanlagen, unter Gebüsch; Saprophyt; Juli bis September; selten, in Deutschland mit nur wenigen Fundstellen, kann in Berlin jedoch regelmäßig gefunden werden. **Ähnliche Arten:** Wald-Champignon (S. 62), mit rötendem Fleisch, ohne Karbolgeruch; Riesen-Champignon (S. 62), gilbend, Geruch nach Anis oder Mandeln. Beide sind eßbar.

Viele Sammler wissen nicht, daß es überhaupt giftige Champignons gibt. Auf dieser Seite werden gleich drei Arten vorgestellt, deren Existenz Champignonfreunde zur Vorsicht mahnen sollte. Giftwirkung siehe Karbol-Champignon.

Wald-Champignon, Kleiner Blutegerling eßbar

Agaricus silvaticus

Merkmale: Hut blaß bräunlich, fein anliegend geschuppt oder fast glatt, 4–10 cm breit; Lamellen frei, erst rosa, dann schokoladenbraun; Stiel über die gesamte Länge fein flockig; Fleisch mehr oder weniger stark rötend, Geruch unauffällig. **Vorkommen:** Im Laub- und Nadelwald, besonders unter Fichten oder Buchen; auf sauren wie kalkhaltigen Böden; Saprophyt; Juli bis Oktober; relativ häufig, vor allem in Süddeutschland. **Ähnliche Arten:** Giftiger Doppelgänger: Rebhuhn-Champignon (S. 60), Fleisch gilbend, schwacher Karbolgeruch; Großer Blutegerling *(A. langei)*, kräftiger im Wuchs, Fleisch stark rötend, liebt Kalkböden, eßbar; Breitschuppiger Champignon *(A. lanipes)*, Hut mit breiteren, anliegenden Schuppen, Fleisch rötend, nur in Stielbasis gilbend (dort mit Mandelgeruch), auf Sandböden um Berlin häufig, eßbar; Riesen-Champignon (unten), großer Wuchs, Fleisch gilbend, mit mandel- oder anisartigem Geruch, eßbar.
Die Fleischrötung des Wald-Champignons kann witterungsabhängig sehr schwanken. Gelegentlich färbt sich der mit einem Messer angeschabte Stiel nur rotbräunlich.

Riesen-Champignon eßbar

Agaricus augustus (A. perrarus)

Merkmale: Hut mit regelmäßigen, gelbbraunen, anliegenden Schuppen besetzt, Untergrund oft auffallend heller, 10–25 cm breit; Lamellen frei, blaß graurosa, reif schokoladenbraun; Stiel und Ringunterseite schuppig; Fleisch gilbend, mit Mandel- oder Anisgeruch. **Vorkommen:** Im Laub- und Nadelwald, Waldränder, Parkanlagen; Saprophyt; (Juli) August bis Oktober; nicht häufig, in Deutschland mit lückiger, südlich konzentrierter Verbreitung. **Ähnliche Arten:** Großer Blutegerling *(A. langei)*, ohne Anisgeruch, mit rötendem Fleisch; Rebhuhn-Champignon (S. 60), kleinere Art mit Karbolgeruch, giftig.
Der Riesen-Champignon ist als Schwermetallsammler bekannt (vgl. auch Schaf-Champignon). In den Fruchtkörpern wurden erhöhte Kadmiumwerte gemessen. Die tatsächliche Schädlichkeit für den Menschen beim Verzehr üblicher Mengen ist umstritten und wird oft sogar bezweifelt. Wegen der Größe könnte der Riesen-Champignon, flüchtig betrachtet, für einen Riesen-Schirmling gehalten werden. Letzterer besitzt helle Lamellen und einen sich bald vom Stiel lösenden, verschiebbaren Ring.

Parasolpilz, Riesen-Schirmling

Macrolepiota procera

eßbar, sehr gut

Merkmale: Sehr stattlicher Pilz; Hut mit konzentrischen, locker sitzenden Schuppen besetzt, 10–30 cm breit; Lamellen weißlich bis cremefarben, frei, vom Stiel durch einen Ringwulst (Kollar) getrennt; Stiel genattert, mit doppelschichtigem, im Alter beweglichem Ring; Geruch angenehm nußartig. **Vorkommen:** Im Laub- und Nadelwald, Lichtungen, Waldränder; Saprophyt; Juli bis Oktober; überall häufig. **Ähnliche Arten:** Safran-Schirmling (unten), Fleisch an Verletzungen safranrötlich anlaufend, eßbar; Warzen-Schirmling *(M. mastoidea)*, in Hutmitte mit auffallendem brustwarzenförmigem Buckel, Stielring dünnhäutig, eßbar; Acker-Schirmling *(M. excoriata)*, heller gefärbt, Huthaut eher glatt, am Rande sternförmig aufreißend, eßbar; Spitzschuppiger Schirmling (S. 66), Stiel mit häutigem, schlaff herabhängendem Ring, aufdringlicher Geruch, ungenießbar.

Der Hut des Parasolpilzes wird am besten wie ein Wiener Schnitzel paniert und ausgebacken. Auch Braten in unpaniertem Zustand ist möglich. Die zähen Stiele sollten entfernt werden. Sie sind bestenfalls für Pilzpulver geeignet. Obwohl das Fleisch angenehm nußartig schmeckt, hat der Genuß im rohen oder halbrohen Zustand schon zu leichten Vergiftungserscheinungen geführt. Junge Parasolpilze haben die Form eines Paukenschlegels.

Safran-Schirmling, Rötender Schirmling

Macrolepiota rachodes (M. rhacodes)

eßbar

Merkmale: Hut mit fast wolligen, abstehenden Schuppen besetzt, Untergrund deutlich heller, 8–15 cm breit; Lamellen frei, mit Kollar, weiß bis cremefarben; Stiel hell, glatt, mit im Alter beweglichem Ring; Fleisch verletzt safranrötlich anlaufend. **Vorkommen:** Im Laub- und Nadelwald, Waldränder; manchmal in Hexenringen oder Reihen wachsend; Saprophyt; Juli bis Oktober; überall häufig. **Ähnliche Arten:** Garten-Schirmpilz *(M. rachodes* var. *hortensis)*, Hutschuppen großflächiger, Stiel mit besonders dicker Knolle, Fleisch mehr rotbraun anlaufend, eßbar, wird aber nicht von jedermann vertragen; Parasolpilz (oben), größer und stattlicher, Stiel genattert, Fleisch nicht rötend.

Die Zubereitung des Safran-Schirmlings kann genauso erfolgen wie beim Parasolpilz (siehe dort). Geschmacklich ist er jedoch weniger wertvoll. Die Gattung der Riesenschirmlinge *(Macrolepiota)* enthält in Mitteleuropa, mit wenigen z. T. umstrittenen Ausnahmen, keine gefährlichen Giftpilze. Erkennungsmerkmale: großer, stattlicher Wuchs, Lamellen frei, mit Kollar, Ring bald beweglich. Dagegen sind unter den echten Schirmlingen *(Lepiota)* tödliche Giftpilze zu finden. Der Pilzfreund hüte sich daher vor kleinen oft farbenfreudigen Schirmlingen mit weißen, freien Lamellen. Ihr Stiel trägt einen nicht beweglichen Ring oder nur eine Ringzone.

Spitzschuppiger Schirmling, Rauher Schirmling

ungenießbar

Lepiota aspera

Merkmale: Hut fleischbraun, mit spitzkegeligen, kleinen Schuppen, Untergrund (falls sichtbar) weißlich, 6–15 cm breit; Lamellen frei, weiß bis cremefarben, sehr eng stehend, gegabelt; Stiel mit häutigem, hängendem Ring; Geruch aufdringlich, etwas stechend. **Vorkommen:** In Laub- und Mischwäldern, Parkanlagen, Gärten; auf humusreichem Boden; Saprophyt; August bis Oktober; lokal relativ häufig, in Deutschland lückenhaft verbreitet. **Ähnliche Arten:** Mehrere kleinere Verwandte, z. B. Igel-Schirmling *(L. echinacea)* oder Stachelschuppiger Schirmling *(L. hystrix)*, beide ungenießbar.

Große Exemplare des Spitzschuppigen Schirmlings könnten für den eßbaren Parasolpilz gehalten werden. Letzterer besitzt einen bald lose sitzenden, beweglichen Stielring sowie andere Hutschuppen.

Stink-Schirmling, Kamm-Schirmling

ungenießbar

Lepiota cristata

Merkmale: Hut auf weißem Grund mit braunen, fein verteilten, anliegenden Schüppchen, Scheitel meist zusammenhängend dunkel, 2–5 cm breit; Lamellen frei, weiß; Stiel mit trichterförmig aufsteigendem Ring; Geruch unangenehm stechend. **Vorkommen:** In Wäldern, unter Gebüsch, Parkanlagen, Gärten, auch auf Wiesen; Saprophyt; Mai bis Oktober (November); überall häufig. **Ähnliche Arten:** Andere weißliche Schirmlinge, die ausnahmslos für Speisezwecke nicht in Frage kommen.

Der Stink-Schirmling ist einer der häufigsten Vertreter seiner Gattung. Typisch ist sein Geruch sowie die Form des Stielringes. Die anderen Arten der umfangreichen Gattung sind z. T. nur mikroskopisch sicher zu bestimmen. Für den Sammler sind die fleischbräunlich gefärbten Arten besonders gefährlich, da einige von ihnen tödlich giftig sein können. Z.B. Fleischrötlicher Giftschirmling *(L. brunneoincarnata)*, Hut mit fleischrötlichen Schüppchen, 3–6 cm breit, Stiel nur mit schwacher Ringzone, unterhalb dieser gebändert. Der Geruch dieser seltenen Art ist nicht unangenehm.

Rotbrauner Scheidenstreifling

eßbar
oben links und rechts

Amanita fulva

Merkmale: Hut rotbraun bis fleischbraun, fast nie mit Hüllresten, Rand deutlich gerieft, 3–8 cm breit; Lamellen weiß, frei; Stiel weißlich, meist kahl, stets ringlos, Basis mit häutiger, weißlicher, an der Innenseite rotbräunlicher Umhüllung (Scheide, Volva). **Vorkommen:** Im Laub- und Nadelwald, im Flachland unter Kiefern oder Birken, gern an Feuchtstellen, Mooren; Mykorrhizapilz; Juni bis Oktober; überall häufig. **Ähnliche Arten:** Orangebräunlicher Scheidenstreifling (*A. crocea*), Farben leuchtender orangebräunlich, Volva innen weiß, unter Eichen, seltener, eßbar.
Die Scheidenstreiflinge treten in vielen Farbvarianten auf. Wir unterscheiden graue (*A. vaginata*), silbergraue (*A. argentea*), olivbraune (*A. battarrae*) und weiße (*A. alba*) Arten. Ihr Speisewert ist äußerst gering. Die Fruchtkörper zerbrechen leicht und besitzen kaum Aroma. Gefährlich wäre eine Verwechslung mit giftigen Wulstlingen, bei denen der Ring abgefallen ist. Der Narzissengelbe Wulstling (S. 76) besitzt oft nur eine undeutliche Ringzone und kann für einen Scheidenstreifling gehalten werden. Er ist giftverdächtig.

Verfärbender Scheidenstreifling, Olivbrauner Scheidenstreifling

eßbar
unten links

Amanita battarrae (A. umbrinolutea)

Merkmale: Hut olivbräunlich, gelbgrünlich, am Standort oft konzentrisch entfärbend, Rand gerieft, 4–10 cm breit; Lamellen weiß, frei; Stiel mit etwas Hutfarbe, leicht genattert, Volva innen und außen weiß. **Vorkommen:** Im Nadelwald, besonders unter Fichten im Gebirge; Mykorrhizapilz; August bis Oktober; lokal häufig, in Deutschland mit südlicher Verbreitung, Österreich, Schweiz. **Ähnliche Arten:** Grauer Scheidenstreifling (*A. vaginata*), Hut einfarbig grau, ohne Olivton.
Durch den olivgrünlichen Farbton ist eine Verwechslung mit ringlosen Formen des tödlich giftigen Grünen Knollenblätterpilzes möglich. Man achte auf die starke Hutrandriefung des Scheidenstreiflings.

Doppeltbescheideter Scheidenstreifling

eßbar
unten rechts

Amanita ceciliae (A. inaurata)

Merkmale: Hut oft groß, ocker oder olivbraun, mit grauen Velumfetzen bedeckt, 8–15 cm breit; Volva grau, mit zweitem, höher sitzendem Ansatz. Sonst wie die anderen hier erwähnten Arten. **Vorkommen:** Im Laubwald; auf kalkhaltigen oder lehmigen Böden; Mykorrhizapilz; Juli bis September (Oktober); relativ selten, Schwerpunkte in Süddeutschland. **Ähnliche Arten:** Grauhäutiger Scheidenstreifling (*A. submembranacea*), Hut grau, mit grauen Hüllresten, Volva einfach; Hellflockiger Scheidenstreifling (*A. beckeri*), Hut mit weißlichen Hüllresten, Volva doppelt.
Alle erwähnten Arten sind, sofern sie ausreichend erhitzt werden, ungiftig. Für Speisezwecke sind sie wegen des fehlenden Aromas kaum geeignet.

Fliegenpilz

Amanita muscaria

giftig

oben links und rechts

Merkmale: Hut gewöhnlich leuchtend rot, mit regelmäßig verteilten, weißen Flöckchen, doch auch orange oder seltener gelb, 5–15 cm breit; Lamellen weiß, frei; Stiel beringt, Knolle mit typischen Warzenkränzen. **Vorkommen:** Im Laub- und Nadelwald, besonders unter Birken oder Fichten; Mykorrhizapilz; August bis November; überall häufig und gleichmäßig verbreitet. **Ähnliche Arten:** Kaiserling *(A. caesarea)*, roter Hut gewöhnlich ohne Velumflocken, Stiel und Lamellen gelblich, Stielbasis häutig bescheidet, wärmeliebende in Mitteleuropa sehr seltene, eßbare und schmackhafte Art; Königs-Fliegenpilz *(A. regalis)*, mit braunem Hut, viel seltener als die rote Art, giftig. Untypisch gefärbte, orangene oder gelbliche Fliegenpilze werden nicht immer richtig erkannt. Vor allem, wenn durch einen kräftigen Regenguß die Hutflocken abgewaschen sind. Sehr junge Pilze erscheinen durch die dichten Velumflocken reinweiß. Im Längsschnitt ist deutlich eine gelbrote Linie unter der Huthaut zu erkennen (s. Foto oben links). Die Gifte des Fliegenpilzes sind Ibotensäure, Muscazon, Muscimol u. a. Sie wirken auf das Nervensystem und setzen ca. 30 Minuten bis 2 Stunden nach der Mahlzeit ein. Todesfälle sind sehr selten. Durch Abziehen der Huthaut kann der Pilz nicht entgiftet werden.

Pantherpilz

Amanita pantherina

stark giftig

unten

Merkmale: Hut in verschiedenen Brauntönen, seltener fast weiß, Velumflocken reinweiß, fein konzentrisch verteilt, Rand im Alter gerieft, 4–10 cm breit; Lamellen weiß, frei; Stiel beringt, Ring ungerieft, Knolle mit umlaufender Wulstkante, oft tief im Boden steckend; Geruch rettichartig. **Vorkommen:** Im Laub- und Nadelwald; besonders auf Sandboden; Mykorrhizapilz; Juli bis November; lokal häufig, in Deutschland gleichmäßig doch etwas lückenhaft verbreitet. **Ähnliche Arten:** Grauer Wulstling (S. 72), Hut mit flächigeren, grauen Velumresten und ungerieftem Rand, Knolle ohne Absatz in den Stiel übergehend; Perlpilz (S. 72), mit dem Grauen Wulstling nahe verwandt, mit rötendem Fleisch. Beide besitzen einen längsgerieften, breiten Ring am Stiel. Sie sind eßbar, sollten aber nur von guten Kennern gesammelt werden. Der Pantherpilz enthält ähnliche Nervengifte wie der Fliegenpilz. Vergiftungen nehmen einen stärkeren Verlauf. Wegen der kurzen Latenzzeit (siehe Fliegenpilz) kann eine Behandlung schnell erfolgen, wodurch ein tödlicher Ausgang meist verhindert werden kann. Um die wichtigen Merkmale der typisch beschaffenen Stielknolle zu erkennen, muß der Fruchtkörper vorsichtig ausgehoben werden. Dies ist auch der Grund, weshalb Anfängern manchmal vom Abschneiden der Pilze abgeraten wird.

Grauer Wulstling, Gedrungener Wulstling eßbar, gut erhitzen

Amanita excelsa (A. spissa)

Merkmale: Hut graubraun, mit blaß grauen, meist flächigen Velumresten, Rand ungerieft, 5–15 cm breit; Lamellen weiß bis cremefarben, frei; Stiel mit hängendem, längsriefigem Ring, Knolle ohne Absatz in den Stiel übergehend; Fleisch nicht rötend, doch gelegentlich leicht bräunend. **Vorkommen:** Im Laub- und Nadelwald, besonders unter Fichten, Buchen; Mykorrhizapilz; Juli bis Oktober; gebietsweise häufig (z. B. Sachsen), in Mitteleuropa gleichmäßig verbreitet. **Ähnliche Arten:** Pantherpilz (S. 70), Hutrand alt gerieft, Velumschüppchen weiß, regelmäßiger verteilt, Stielring ungerieft, Knolle mit umlaufendem Ringwulst, giftig; Königs-Fliegenpilz *(A. regalis)*, Fleisch unter Huthaut gelb, Stielknolle mit Warzenkränzen, giftig; Perlpilz (unten), Hut mehr fleischbraun, Fleisch rötend, eßbar.

Der Graue Wulstling ist sehr veränderlich und wurde früher mit verschiedenen Namen belegt. Typisch sind gedrungene, kurzstielige Formen. Standortbedingt ist gelegentlich die Stielbasis tief in den Boden eingesenkt und die Gestalt hoch und schlank. Eine im Fleisch stärker bräunende Varietät wird als var. *valida* bezeichnet. An dieser Stelle sei noch einmal auf die große Verwechslungsgefahr mit giftigen Pantherpilzen hingewiesen.

Perlpilz, Rötender Wulstling eßbar, gut erhitzen

Amanita rubescens

Merkmale: Hut fleischbräunlich, rotbraun, mit blaß fleischfarbenen, z. T. flächigen Velumschüppchen, 5–15 cm breit; Lamellen weißlich-cremefarben, frei; Stiel mit hängendem, längsriefigem Ring und absatzloser, glatter Knolle; Fleisch leicht rötend. **Vorkommen:** Im Laub- und Nadelwald; Mykorrhizapilz; Juni bis Oktober; überall in Mitteleuropa häufig. **Ähnliche Arten:** Pantherpilz (S. 70), mit weißen Velumschüppchen, Stielknolle mit Ringwulst, giftig; Grauer Wulstling (oben), Hut mit graubraunen Farben, Fleisch nicht rötend, sonst sehr ähnlich, eßbar; Gelbberingter Perlpilz (var. *annulosulphurea*), kleinere Form mit gelblich berandetem Ring und gelblicher Stielspitze, eßbar.

Bei feuchter Wetterlage ist die Fleischrötung des Perlpilzes oft undeutlich oder unterbleibt. Man achte dann auf die geröteten Madengänge in der Stielknolle, die auch bei jungen Pilzen fast immer vorhanden sind. Exemplare mit noch geschlossenem Hut sind im besten Sammelstadium. Alte Stücke können leicht verderben und erzeugen Verdauungsstörungen. Der giftige sog. »Falsche Perlpilz« *(A. pseudorubescens)* gehört offensichtlich ins Reich der Legende. Diese »neue Art« hielt kritischen, langjährigen Beobachtungen nicht stand. Wahrscheinlich handelt es sich hier um eine »Trockenwetterform«, die aufgrund des langen Verbleibens am Standort unbekömmlich wurde.

Grüner Knollenblätterpilz

tödlich giftig

Amanita phalloides   oben links, rechts und unten links

Merkmale: Hut blaß bis kräftig grünlich, oliv- oder gelbgrün, bei Sommerformen nahezu weiß, 5–15 cm breit, Velumbelag häutig, weiß, meist jedoch fehlend oder nur bei jungen Pilzen vorhanden; Lamellen weiß, frei; Stiel weiß bis grünlich, genattert, mit weißem, häutigem Ring, Knolle mit weißem Hautlappen umhüllt (Scheide, Volva); Geruch jung angenehm, bald aber aufdringlich süßlich (an Kunsthonig erinnernd). **Vorkommen:** Im Laub- oder Mischwald, besonders unter Eichen und Buchen, seltener Nadelwald, auch in mit Laubbäumen bestandenen Parkanlagen oder Gärten; Mykorrhizapilz; (Juni) Juli bis November; relativ häufig, in ganz Europa verbreitet. **Ähnliche Arten:** Gelblicher Knollenblätterpilz (S. 78), Hut blaß gelblich, oft mit gleichfarbigen, leicht bräunenden Velumresten, Stielknolle bescheidet, aber Hautreste schnell abfallend, Geruch nach Kartoffelkeimen, leicht giftig.

Je weniger Kenntnisse man besitzt, desto größer ist die Gefahr der Verwechslung. Junge Knollenblätterpilze, die von ihrer weißen Velumhülle vollständig umschlossen sind, erinnern an eßbare Boviste. Erst im Längsschnitt sind die Lamellenanlagen des Giftpilzes sichtbar. Genießbare grünfarbige Täublinge sind stets ringlos und haben keine bescheidete Stielbasis. Ihr Fleisch ist sehr brüchig. Helle Formen könnten für weiße Champignons gehalten werden, deren Lamellen sich aber schon sehr früh rosa und schließlich braun färben. Manch Leichtsinniger hat sich auch davon verleiten lassen, daß Hunderte von Knollenblätterpilzen an einer Stelle standen, hat einfach nicht wahrhaben wollen, daß so viele giftig sein können – und ist an einem Pilzgericht gestorben. Ein mittelgroßes Exemplar reicht aus, um einen Menschen zu töten. Die Giftstoffe (vgl. Einführung) lassen sich durch Kochen oder Braten nicht zerstören! Wird die Vergiftung relativ schnell erkannt (Latenzzeit 4–12 Stunden oder länger), so ist der Patient u.U. noch zu retten. Daher ist es äußerst wichtig, Pilzreste aufzuheben, die einem Kenner zur Bestimmung vorgelegt werden.

Weißer Knollenblätterpilz

tödlich giftig

Amanita phalloides var. *verna*   unten rechts

Merkmale: Pilz in allen Teilen rein weiß, Hut 5–10 cm breit. Alle anderen Kennzeichen entsprechen denen des Grünen Knollenblätterpilzes. **Vorkommen:** Im Laubwald, besonders unter Eichen; Mykorrhizapilz; Juli bis August, in Südeuropa auch schon im Mai (deshalb auch der Name »Frühlings-Knollenblätterpilz«); seltener als die Hauptform, in Deutschland sehr lückenhaft verbreitet, Österreich, Schweiz, in Italien häufiger. **Ähnliche Arten:** Kegelhütiger Knollenblätterpilz (S. 76), Hut lange kegelförmig, Stiel unterhalb des Ringes wollig, tödlich giftig; Eier-Wulstling (*A. ovoidea*), größere mediterrane Art, Volva besonders kräftig ausgeprägt, ohne süßlichen Geruch, eßbar. Vorsicht beim Sammeln von weißen Champignons!

Kegelhütiger Knollenblätterpilz

Amanita virosa

Merkmale: Ganzer Pilz weiß; Hut lange kegelförmig bleibend, dann allmählich aufschirmend, kahl, feucht etwas klebrig, Rand nie gerieft, 5–10 cm breit; Lamellen weiß, frei; Stiel faserig-wollig, mit hoch sitzendem, oft fetzig zerrissenem Ring, der lange unter dem Hut versteckt bleibt, Knolle mit anliegender, häutiger Scheide; Geruch erst rettichartig, dann unangenehm süßlich. **Vorkommen:** Im Laub- und Nadelwald, unter Buchen, Birken, Fichten und Kiefern; liebt saure Böden; Mykorrhizapilz; relativ selten, in Mitteleuropa und Skandinavien lückenhaft verbreitet. **Ähnliche Arten:** Weißer Knollenblätterpilz (S. 74), mit bald verflachendem Hut, Stiel nicht wollig-faserig, tödlich giftig; Weißer Scheidenstreifling *(A. alba)*, Hut am Rande gerieft, Stiel ringlos, eßbar; Großer Scheidling *(Volvariella gloiocephala)*, Hut klebrigschmierig, Lamellen bald rosa gefärbt, Stiel kahl, eßbar.

Der Kegelhütige Knollenblätterpilz enthält Virotoxin, einen ähnlichen Giftstoff wie seine weißen und grünen Verwandten. Vergiftungsfälle mit ersterem sind ungleich seltener, da die Art weniger häufig ist und kaum in großen Mengen auftritt.

Narzissengelber Wulstling

Amanita gemmata

Merkmale: Hut blaß gelblich bis hell ocker, öfter mit weißen, flächigen Hüllresten, Rand nicht oder nur angedeutet gerieft, 3–10 cm breit; Lamellen weiß, frei; Stiel mit oder ohne flüchtigem Ring oder nur einer Ringzone, Knolle schlank, mit anliegender Scheide oder, wenn diese fehlt, mit umlaufendem Absatz; Fleisch weichlich, ohne besonderen Geruch. **Vorkommen:** Im Nadel- und Mischwald, besonders im sandigen Kiefernwald; Mykorrhizapilz; (Mai) Juni bis Oktober; nicht häufig, in Europa lückenhaft verbreitet, wärmeliebend. **Ähnliche Arten:** Gelblicher Knollenblätterpilz (S. 78), Stielknolle und Ring ausgeprägter, Geruch nach Kartoffelkeimen, leicht giftig; Pantherpilz (S. 70), besonders blasse Exemplare mit schlanker Stielknolle können ähnlich sein, stark giftig; Kammrandiger Wulstling *(A. eliae)*, mit deutlich gerieftem Hutrand und wurzelndem Stiel, sehr seltene, giftverdächtige Art.

Da der Narzissengelbe Wulstling wärmeliebend ist, tritt er besonders in feuchtwarmen Frühsommern auf. Im Herbst sieht man ihn nur noch vereinzelt. Der Speisewert ist umstritten. Es wird vermutet, daß der Pilz muskarinähnliche Stoffe enthält, die nach der Zubereitung unwirksam werden. Vom Verzehr ist dennoch abzuraten.

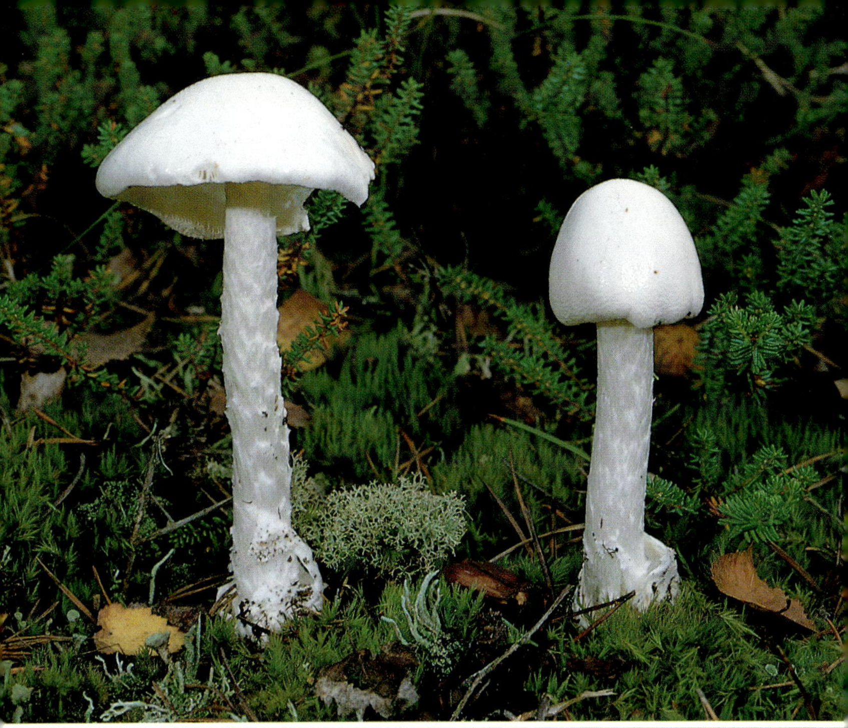
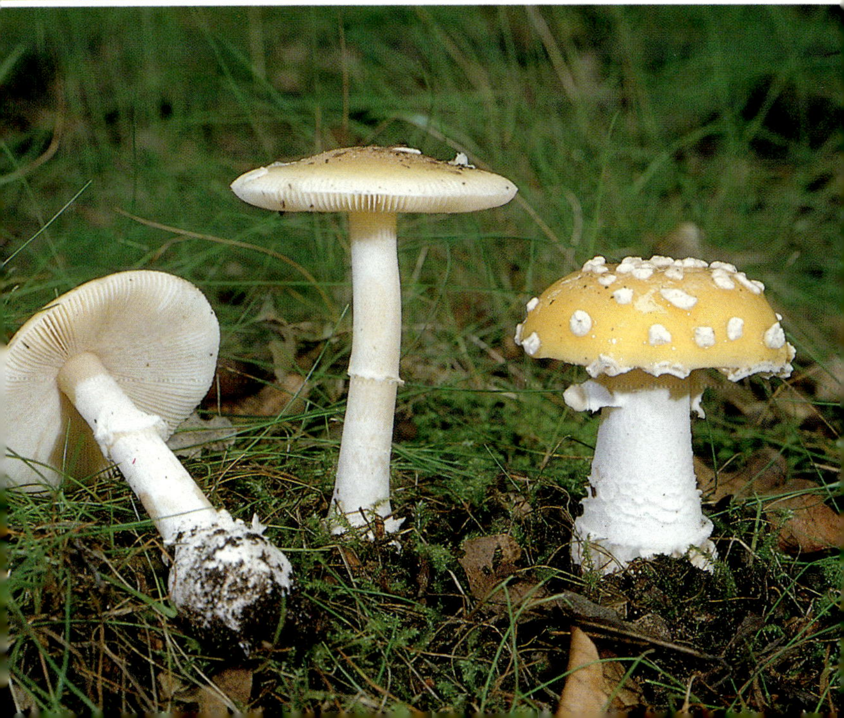

Gelblicher Knollenblätterpilz

Amanita citrina

leicht giftig
oben links und rechts

Merkmale: Hut blaß gelblich, hell grüngelb, auch rein weiß, mit gleichfarbigen, leicht bräunenden, flächigen Hüllresten (können vom Regen abgewaschen werden), 4–10 cm breit; Lamellen weiß, frei; Stiel mit häutigem Ring, Knolle gut ausgeprägt, mit scharfer Umlaufkante, seltener mit häutiger Scheide; Geruch auffällig nach Kartoffelkeimen. **Vorkommen:** Im Laub- und Nadelwald, besonders im sandigen Kiefernmischwald des Flachlandes; Mykorrhizapilz; (Juli) August bis November; überall häufig in Mittel- und Nordeuropa. **Ähnliche Arten:** Grüner und Weißer Knollenblätterpilz (S. 74), Hüte meist kahl, Stielknolle deutlich bescheidet, Geruch süßlich, tödlich giftig; Narzissengelber Wulstling (S. 76), mit schwachem Stielring und schlanker Knolle, geruchlos, giftverdächtig.

Der Gelbliche Knollenblätterpilz enthält neben anderen Stoffen das Krötengift Bufotenin, welches durch Erhitzen unwirksam wird. Der Pilz schmeckt unangenehm muffig-rettichartig und kann daher auch gut zubereitet kaum verwendet werden. Leider wird er auch in Fachbüchern immer wieder falsch interpretiert und für den Grünen Knollenblätterpilz ausgegeben. Ein Indiz für die große Verwechslungsgefahr. Weiße, durch Frosteinwirkung geruchlose Spätherbstformen können nicht immer leicht erkannt werden.

Porphyrbrauner Wulstling

Amanita porphyria

leicht giftig
unten

Merkmale: Hut graubraun, porphyrbraun (Stich ins Violettbraun), mit oder ohne flächige, graue Hüllreste, 3–8 cm breit; Lamellen weißlich, frei; Stiel häutig beringt, Knolle scharfkantig, selten mit Hüllresten; Geruch dumpf rettichartig. **Vorkommen:** Meist im Nadelwald, unter Fichte, Kiefer, Lärche; liebt sauren Boden; Mykorrhizapilz; (Juli) August bis Oktober; lokal häufig, besonders Süddeutschland, Österreich, Schweiz, doch auch Skandinavien. **Ähnliche Arten:** Grauer Wulstling (S. 72), Habitus kräftiger, Ring längsriefig, Stielknolle ohne Absatz, eßbar.

Der Porphyrbraune Wulstling ist wegen seiner im Pilzreich nicht häufig auftretenden Farbe kaum mit anderen zu verwechseln. Die dunklen Velumreste am Hut und an der Stielknolle sind typisch. Gelegentlich treten aber Formen mit weißlich bescheideter Knolle auf. Der Gelbliche Knollenblätterpilz ist nahe verwandt. Die schwach giftigen Inhaltsstoffe beider scheinen identisch zu sein (Bufotenin). Daher ist auch der Porphyrbraune Wulstling in gekochtem Zustand ungiftig, schmeckt aber ebenfalls nicht.

Wolliger Scheidling

eßbar

Volvariella bombycina

Merkmale: Sehr große, kräftige Art; Hut weiß, fein wollig-faserig, 10–20 cm breit; Lamellen weiß, bei Reife rosa, frei; Stiel kahl, am Grunde mit weiter, außen bald ockerbräunlich gefleckter Volva. **Vorkommen:** An lebendem oder totem Laubholz, an Stämmen, Stümpfen, Wurzeln, besonders Weichhölzer; Parasit und Saprophyt; Juni bis Oktober; nicht häufig, in Deutschland, Österreich und der Schweiz gleichmäßig, aber sehr zerstreut auftretend. **Ähnliche Arten:** Großer Scheidling *(V. gloiocephala)*, Bodenbewohner mit kahlem, klebrigem Hut, eßbar.

Rehbrauner Dachpilz

eßbar

Pluteus cervinus (P. atricapillus)

Merkmale: Hut rehbraun bis graubraun, gelegentlich sehr blaß, Oberfläche oft typisch wellig, 5–12 cm breit; Lamellen weißlich, beim Reifen lachsrosa, frei; Fleisch dünn, Geruch rettichartig. **Vorkommen:** An abgestorbenem Laubholz, besonders Stümpfen, selten an Nadelholz; Saprophyt; Mai bis November; in ganz Mitteleuropa häufig. **Ähnliche Arten:** Schwarzschneidiger Dachpilz *(P. nigrofloccosus)*, Hut schwarzbraun, Lamellen mit schwarzbrauner Schneide, an Nadelholz, eßbar; Seidiger Dachpilz *(P. petasatus)*, Hut weißlich, mit vereinzelten dunkleren Schüppchen oder gänzlich kahl, seidig, eßbar, kann mit blassen Formen des Rehbraunen Dachpilzes verwechselt werden.

Die umfangreiche Gattung der Dachpilze ist durch das Wachstum an Holz, dachartige Hutformen, freie Lamellen und ringlose Stiele gekennzeichnet. Das Sporenpulver ist rosa, was sich in den Farben der reifen Lamellen ausdrückt. Die nahe verwandten Scheidlinge besitzen an der Stielbasis stets Reste der Gesamthülle (Volva), die bei den Dachpilzen fehlen.

Samtfuß-Rübling, Winterpilz

eßbar, gut

Flammulina velutipes

Merkmale: Hut goldgelb bis rostbräunlich, etwas klebrig, feucht durchscheinend gerieft, 1–6 cm breit; Lamellen blaß gelblich, angewachsen; Stiel mit typisch samtiger Oberfläche, gelb- bis schwarzbraun, Basis dunkler als die Spitze; Fleisch elastisch, gelblich. **Vorkommen:** An totem Laubholz sowie an lebenden Stämmen, besonders Weide oder Pappel; meist büschelig wachsend; Saprophyt und Wundparasit; wächst im Winterhalbjahr in frostfreien Perioden, Oktober bis April; in ganz Mitteleuropa häufig. **Ähnliche Arten:** Falscher Samtfußrübling *(F. fennae)*, sehr ähnlich, Lamellen reinweiß, erscheint im Oktober und wurde früher nicht unterschieden, eßbar.

Wenn auf die Erscheinungszeit und den braunsamtigen Stiel geachtet wird, ist eine Verwechslung mit giftigen Pilzen kaum möglich. Es sind nur die Hüte zu verwenden, da die Stiele zäh sind. Zubereitet ist er ein wohlschmeckender Speisepilz, der frostunempfindlich ist und so gut wie nicht fault oder schimmelt. Der Samtfuß-Rübling soll krebshemmende Stoffe enthalten.

Violetter Lacktrichterling, Amethystblauer Lacktrichterling

Laccaria amethystea

eßbar

Merkmale: In allen Teilen violettlich gefärbter, dünnfleischiger Pilz; Hut bald ausblassend, 1–4 cm breit; Lamellen dicklich, entfernt stehend, angewachsen. **Vorkommen:** Im Laubwald, liebt moosreiche Standorte; Saprophyt; Juli bis November; häufig. **Ähnliche Arten:** Rettich-Helmling *(Mycena pura)*, weißliche, dünnere Lamellen, Rettichgeruch, giftig, enthält Halluzinogene. Der Violette Lacktrichterling ist die häufigste Art seiner Gattung. Die Arten werden daher auch als »Bläulinge« bezeichnet. Ältere Exemplare blassen bei Trockenheit stark aus. Der Pilz besitzt einen geringen Speisewert, wird aber gelegentlich zum Verzieren eines Pilzgerichtes verwendet. Die Art ist für relativ hohe Belastungswerte mit radioaktivem Cäsium bekannt.

Feld-Schwindling, Nelken-Schwindling

Marasmius oreades

eßbar

Merkmale: Hut blaß ocker, beigefarben bis fleischbräunlich, bei Trockenheit ausblassend, feucht am Rande durchscheinend gerieft, dünnfleischig, 1–4 cm breit; Lamellen blaß cremefarben, dicklich, entfernt stehend, kurz angeheftet; Stiel biegsam und zäh. **Vorkommen:** Auf Wiesen, seltener an lichten Waldstellen, auch Wegränder; oft typisch in »Hexenringen« wachsend; Saprophyt; Mai bis November; überall häufig. **Ähnliche Arten:** Violettlicher Schwindling *(M. wynnei)*, Farben blaß violettgrau, oft sehr hell, leichter Blausäuregeruch, Laubwaldbewohner, ungenießbar; Ledergelber Schwindling *(M. torquescens)*, kleiner, geruchlos, Waldbewohner, ungenießbar.
Der Feld-Schwindling ist ein guter Suppenpilz, von dem nur die Hüte verwendet werden. Wegen des oft massenhaften Auftretens lohnt sich das Einsammeln. Man hüte sich vor einer Verwechslung mit giftigen weißlichen Trichterlingen, die ebenfalls auf Rasenflächen vorkommen.

Echter Knoblauchschwindling, Mousseron

Marasmius scorodonius

eßbar, Würzpilz

Merkmale: Kleiner, dünnhäutiger Pilz mit auffallendem Knoblauchgeruch; Hut fleischfarben, oft gerunzelt, 1–2 cm breit; Lamellen cremeweißlich, entfernt stehend, kurz angeheftet; Stiel sehr dünn, hornartig, rot- bis schwarzbraun. **Vorkommen:** im Laub- und Nadelwald, am Boden, an Holzstückchen und Pflanzenresten; Saprophyt; Juni bis November; überall häufig, doch nicht in jedem Jahr. **Ähnliche Arten:** Großer Knoblauchschwindling *(M. prasiosmus)*, mit hellerem Stiel, wächst im Spätherbst auf Eichenblättern; Saitenstieliger Knoblauchschwindling *(M. alliaceus)*, Stiel schwarzbraun (wie eine Saite), häufig im Buchenwald auf Kalkböden.
Der Echte Knoblauchschwindling wird getrocknet als Würzpilz verwendet. Die hier erwähnten Verwandten besitzen einen brennenden Nachgeschmack und verlieren nach dem Trocknen das Knoblaucharoma.

Butter-Rübling, Kastanienroter Rübling

eßbar

Collybia butyracea var. *butyracea*

Merkmale: Hut kastanienbraun, heller oder dunkler rotbraun, fettig glänzend (Name!), meist mit kleinem Buckel, beim Trocknen relativ wenig ausblassend, 3–8 cm breit; Lamellen weiß, dünn, eng stehend, kurz angeheftet; Stiel rotbräunlich, knorpelig, im unteren Teil verdickt und hohl (wie aufgeblasen), längsstreifig, Basis zottig. **Vorkommen:** Im Nadelwald, seltener Laubwald; auf sauren Böden; Saprophyt; Juli bis November; gebietsweise häufig (z. B. Harz, Südschwarzwald), in ganz Mitteleuropa verbreitet. **Ähnliche Arten:** Horngrauer Rübling (unten), graubraun bis horngrau, besonders stark ausblassend; Verdrehter Rübling *(C. distorta)*, Stiel blaß, an Basis nicht aufgeblasen, längsriefig und dabei verdreht, eßbar; Spindeliger Rübling *(C. fusipes)*, Stiel spindelförmig wurzelnd, am Fuße von Eichen oder Buchen, ungenießbar.

Der Butter-Rübling kann größer und kräftiger werden, als die horngraue Varietät. Er ist daher ein ergiebiger Speisepilz, der für Mischgerichte geeignet ist. Es wird nur der Hut, allenfalls der obere Stielteil verwendet, da der untere Stielbereich zäh und knorpelig ist. Das Fleisch besitzt den typischen angenehm-würzigen »Rüblingsgeruch«, der sich an mehreren Stellen im Pilzreich wiederfindet.

Horngrauer Rübling

eßbar

Collybia butyracea var. *asema*

Merkmale: Dem Butter-Rübling sehr ähnlich; Hut heller oder dunkler horngrau, graubraun oder olivgrau, stark ausblassend (hygrophan), meist schon am Standort zweifarbig, Oberfläche fettig glänzend, 2–6 cm breit; Lamellen weiß, dünn, eng stehend, kurz angeheftet; Stiel blaß fleischfarben oder graugelblich, weniger zottig als beim Butter-Rübling, oft längsstreifig, deutlich hohl. **Vorkommen:** Im Laub- und Nadelwald; auf nahezu allen Bodenarten; Saprophyt; August bis November (Dezember); überall häufig, vor allem im Spätherbst. **Ähnliche Arten:** Butter-Rübling (oben), mit rotbraunen Farben, Hut weniger hygrophan.

Der Horngraue Rübling ist einer der häufigsten und am weitesten verbreiteten Bodenpilze überhaupt. Wie beim Butter-Rübling ist auch hier nur der Hut zu verwenden, am besten im Mischgericht.

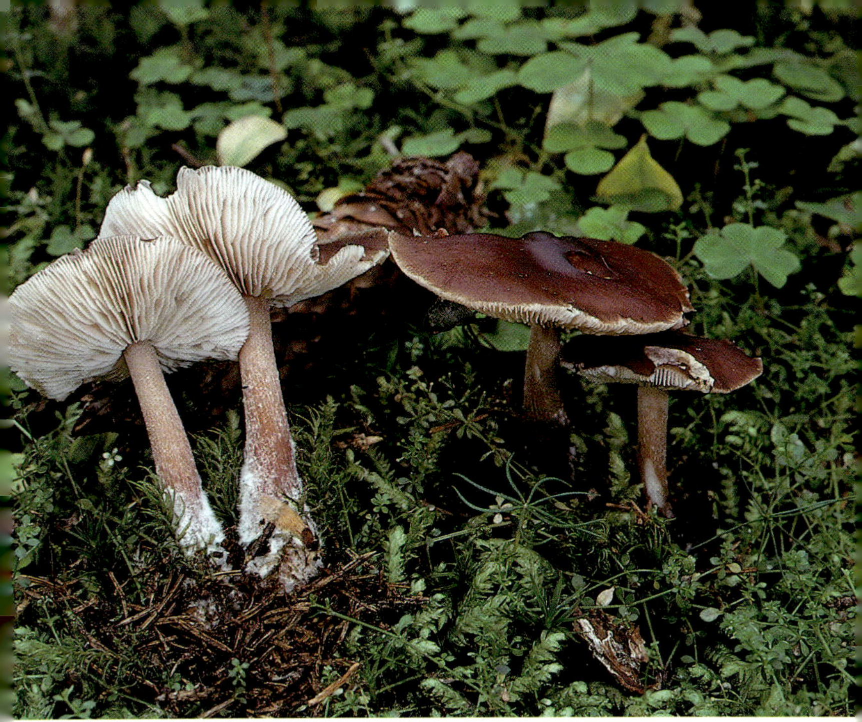

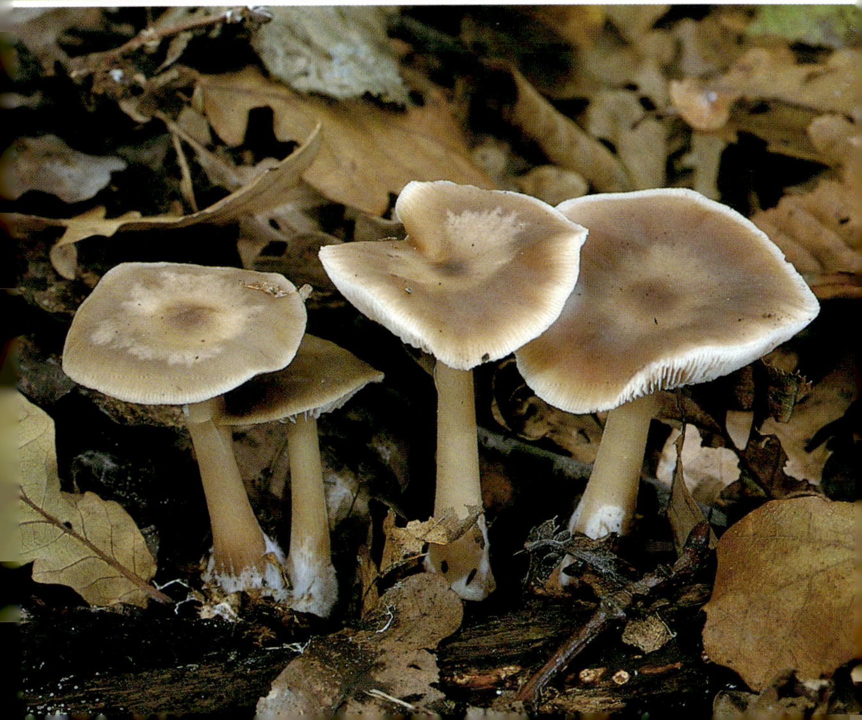

Waldfreund-Rübling

Collybia dryophila

Merkmale: Hut farblich sehr veränderlich, meist blaß fleischfarben oder hell ocker, doch auch dunkelbraun, trocken ausblassend, 2–4 cm breit; Lamellen cremefarben, schmutzig weißlich bis zitronengelb, kurz angeheftet; Stiel kahl, Basis oft mit feinen Myzelsträngen; Fleisch elastisch, im Stiel knorpelig. **Vorkommen:** Im Laub- und Nadelwald, Parkanlagen, Gärten; gesellig, aber nicht büschelig; Saprophyt; Mai bis November; überall sehr häufig. **Ähnliche Arten:** Striegeliger Rübling *(C. hariolorum)*, Stielbasis zottig, Geruch nach faulem Kohl, giftig, erzeugt Verdauungsstörungen; Rotstieliger Rübling *(C. marasmioides)*, Stiel rotbraun, wächst oft büschelig, eßbar.
Der Waldfreund-Rübling ist höchstens als Mischpilz verwendbar. Eine kleinere Variante mit kurz durchscheinend gerieftem Hutrand ist der Scheibenförmige Rübling (var. *aquosa*).

Gefleckter Rübling

Collybia maculata

Merkmale: Relativ kräftiger, nicht hygrophaner Rübling. Hut weiß bis elfenbeinfarben, bald mit rostbraunen Flecken, 3–8 (10) cm breit, meist ziemlich fleischig; Lamellen weiß, sehr gedrängt stehend, mit fein gekerbter Schneide, angewachsen; Stiel spindelig wurzelnd, längsriefig; Fleisch mit würzig-angenehmem Geruch, Geschmack deutlich bitter. **Vorkommen:** Vorwiegend im Nadel-, seltener im Laubwald, gern in Reihen wachsend, sehr gesellig; auf sauren wie kalkhaltigen Böden; Saprophyt; Juli bis November; häufig, in Mittel- und Nordeuropa mit dichter Verbreitung. **Ähnliche Arten:** Spindeliger Rübling *(C. fusipes)*, meist dunkler gefärbt, Lamellen entfernt stehend, Geschmack mild, ungenießbar; Lästiger Ritterling *(Tricholoma inamoenum)*, Lamellen dicklich, Geruch unangenehm leuchtgasartig, ungenießbar.

Grüner Anis-Trichterling

Clitocybe odora

Merkmale: Hut in der Mitte gebuckelt, bereift, graugrünlich, auch graugelblich entfärbend, selten weiß, 3–8 cm breit; Lamellen cremeweißlich bis meergrünlich, eng stehend, breit angewachsen bis schwach herablaufend; Fleisch mit süßlichem Anisgeruch. **Vorkommen:** Im Laub- und Nadelwald, auf Humus; Saprophyt; August bis November; überall relativ häufig. **Ähnliche Arten:** Bleiweißer Trichterling *(C. phyllophila)*, kräftige weißliche Art, ohne Anisgeruch, giftig; Duft-Trichterling *(C. fragrans)*, Hut blaß grauweißlich, durchscheinend gerieft, mit Anisgeruch, doch kleiner und schmächtiger, giftig; Ranziger Trichterling *(C. phaeophthalma)*, mit süßlich-ranzigem Geruch, Geschmack bitter, giftig.
Der Grüne Anis-Trichterling ist wegen seines Geruchs und der im Pilzreich seltenen blaugrünen Farben kaum zu verwechseln. Anders ist es bei ausgeblaßten, überalterten Exemplaren oder Albinos. Die weißlich gefärbten Doppelgänger enthalten das Nervengift Muskarin.

Ockerbräunlicher Trichterling

eßbar

Clitocybe gibba

Merkmale: Hut ockerfarbig, fleischocker, Huthaut matt, mitunter feinsamtig, Mitte stets mit kleinem, eng umgrenztem Buckel, 3–8 cm breit; Lamellen weiß, eng stehend, deutlich herablaufend; Stiel weißlich, kahl; Fleisch weich, Geruch schwach nach Kuchengewürz (Bittermandelkomponente). **Vorkommen:** Im Laub- und Nadelwald, Parkanlagen, lichte Waldstellen; Saprophyt; Juni bis September; überall häufig. **Ähnliche Arten:** Keulenfuß-Trichterling (Mitte), Hut fleischiger, kahl, Stiel keulenartig verdickt, Herbstpilz, eingeschränkt eßbar; <u>Mönchskopf</u> *(C. geotropa)*, sehr große Art, eßbar. Der Ockerbräunliche Trichterling verkörpert das typische Erscheinungsbild seiner Gattung: Hut trichterförmig hochgezogen, Lamellen am Stiel herablaufend. Das beste Artmerkmal ist der kleine Hutbuckel, den man auch erfühlen kann. Der Pilz enthält geringe Mengen Blausäure (Geruch), die ihn vor Schneckenfraß schützen. Für Menschen ist diese Dosis unwirksam.

Keulenfuß-Trichterling

eßbar, ohne Alkohol

Clitocybe clavipes

Merkmale: Hut fleischig, meist gebuckelt, seltener in der Mitte vertieft, graubräunlich, Rand leicht gekerbt, 4–8 cm breit; Lamellen weiß bis gelblich, eng stehend, herablaufend; Stiel blasser als der Hut oder gleichfarbig, Basis keulenförmig verdickt; Fleisch weichlich, bei Regenwetter sehr wäßrig, Geruch schwach pilzartig. **Vorkommen:** Im Laub- und Nadelwald; auf allen Bodenarten; Saprophyt; August bis November; überall häufig. **Ähnliche Arten:** Nebelgrauer Trichterling (S. 90), größere Art, mit auffallend süßlich-mehligem Geruch, muß vor der Zubereitung abgekocht werden. Der Keulenfuß-Trichterling enthält Stoffe, die in Verbindung mit Alkohol Unwohlsein, Gesichtsrötung und Herzklopfen hervorrufen können. Deshalb ist Alkoholgenuß in jeglicher Form vor und nach der Mahlzeit zu meiden.

Rinnigbereifter Trichterling, Feld-Trichterling

giftig

Clitocybe rivulosa (C. dealbata)

Merkmale: Hut weiß, mit firnisartigem Reif bedeckt, der sich konzentrisch abträgt und den blaß fleischfarbenen Untergrund freigibt, 2–5 cm breit; Lamellen weißlich, gedrängt stehend, breit angewachsen, aber nicht herablaufend; Geruch schwach scheunenstaubartig. **Vorkommen:** An grasigen Stellen der Kulturlandschaft, Wiesen, Wegrändern; gelegentlich in Reihen oder Hexenringen; Saprophyt; (Juli) August bis Oktober; relativ häufig, in Deutschland mit zerstreutem Verbreitungsbild. **Ähnliche Arten:** <u>Wachsstieliger Trichterling</u> *(C. candicans)*, sehr ähnlicher Waldbewohner, giftig; <u>Bleiweißer Trichterling</u> *(C. phyllophila)*, größer, truppweise im Laub- und Nadelwald, giftig; Mehl-Räsling (S. 114), mit herablaufenden, bald blaß rosafarbenen Lamellen, deutlicher Mehlgeruch, eßbar. Der Rinnigbereifte Trichterling enthält Muskarin. Er wurde von Nichtkennern mit Feld-Schwindlingen oder Mehl-Räslingen verwechselt.

Doppelring-Trichterling, Wurzelmöhrling

Catathelasma imperiale

eßbar
RL 2

Merkmale: Sehr großer, kompakter, festfleischiger Pilz mit zugespitztem, zweifach beringtem Stiel; Hut zunächst als faustgroße Halbkugel erscheinend, dann langsam aufschirmend, ockerfarbig, mit aufliegenden, vergänglichen Velumresten, 10–30 cm breit; Lamellen cremefarben, gedrängt stehend, weit herablaufend; Stiel kompakt, zugespitzt-wurzelnd, aufsteigend-trichterartig beringt, unterhalb mit zweiter Ringzone; Fleisch sehr fest, Geruch porlingsartig, mit schwacher mehlig-gurkenartiger Komponente, erinnert an den Schuppigen Porling *(Polyporus squamosus).* **Vorkommen:** Im Nadelwald unter Fichten oder Kiefern; meist auf Kalkboden, vor allem im Gebirge; Mykorrhizapilz; August bis Oktober; in Deutschland selten, Vorkommen auf Süddeutschland beschränkt, lokal häufiger in Tirol (Österreich), Schweiz und Südtirol (Italien).

Der Doppelring-Trichterling ist kaum mit anderen Pilzarten zu verwechseln. Er ist ein guter Speisepilz, bei dessen Zubereitung die Härte des Fleisches berücksichtigt werden sollte. Junge Exemplare sind zum Einlegen in Essig geeignet (Pilzsalat). Wo die Pilze selten vorkommen, sollten sie selbstverständlich geschont werden.

Nebelgrauer Trichterling, Nebelkappe

Lepista (Clitocybe) nebularis

eßbar nach Abkochen

Merkmale: Großer, auffallender Herbstpilz mit aufdringlich süßlichem Geruch; Hut fleischig, oft mit leichtem Buckel, heller oder dunkler grau, selten fast weiß, 5–15 cm breit; Lamellen weiß bis cremefarben, gedrängt, schwach bis deutlich herablaufend; Stiel vollfleischig, längsfaserig. **Vorkommen:** Im Laub- und Nadelwald; in Gruppen, Kreisen oder Reihen wachsend; Saprophyt; September bis November; überall sehr häufiger Massenpilz, besonders im Spätherbst. **Ähnliche Arten:** Riesen-Rötling *(Entoloma eulividum)*, Lamellen entfernter, nicht herablaufend, jung gelblich, dann lachsrosa, Mehlgeruch, etwas frühere Erscheinungszeit, giftig; Veilchen-Ritterling (S. 94), etwas kleiner, Hut fleisch- bis cremefarben, Geruch weniger aufdringlich, nach Veilchenwurzel.

Der Nebelgraue Trichterling sollte vor der eigentlichen Zubereitung abgekocht und das Kochwasser weggeschüttet werden, da sonst Verdauungsstörungen auftreten können. Der aufdringlich süßliche Geruch und Geschmack gehen dabei nicht verloren. Die Beurteilung als Speisepilz ist daher Geschmackssache. Exemplare, die von Blättern bedeckt sind, zeigen auf der Huthaut einen weißen Belag, der die Fremdkörper bindet. Dies ist kein Schimmel, sondern eigener Bestandteil des Fruchtkörpers, entstanden durch Auswachsen der Huthauthyphen.

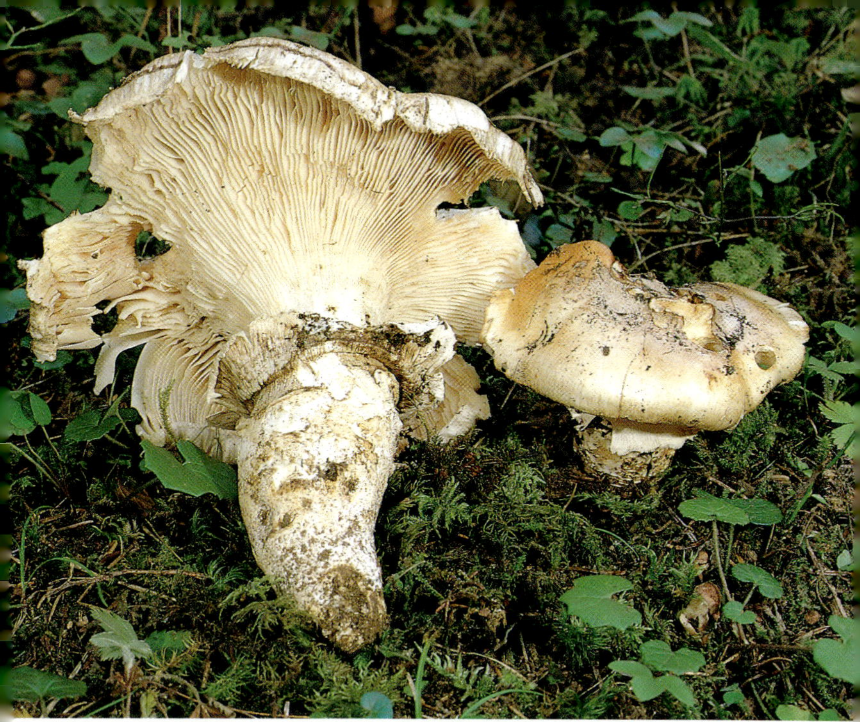

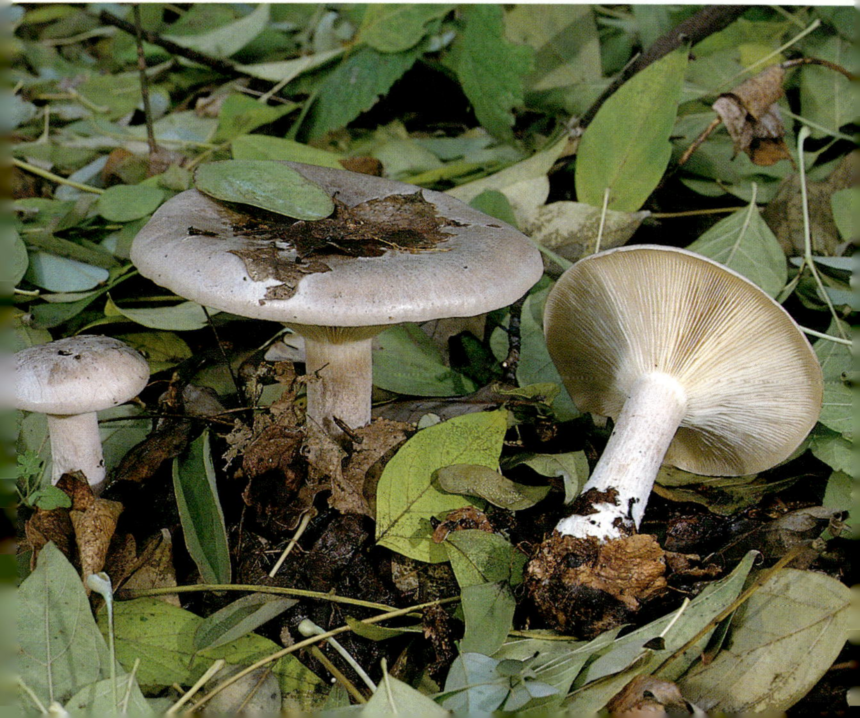

Violetter Rötelritterling

eßbar, gut (!)

Lepista nuda

Merkmale: Vom Habitus eines Ritterlings, Farben lila bis violett; Hut violett oder fleischbraun, bei Trockenheit ausblassend, Huthaut glatt und kahl, 5–10 cm breit; Lamellen lila bis violett, angewachsen; Stiel blaß violett, fein faserig-flockig; Fleisch feucht violett, ausblassend, mit angenehm würzigem Geruch. **Vorkommen:** Im Laub- und Nadelwald, Parkanlagen, unter Gebüsch; Saprophyt; April bis Mai, September bis November (Dezember), meist im Spätherbst; gesellig in Reihen und Bögen wachsend; überall häufig. **Ähnliche Arten:** Lilastiel-Rötelritterling (unten), Hut heller, nur Stiel lila gefärbt, wächst an grasigen Stellen im Spätherbst; Schmutziger Rötelritterling *(L. sordida)*, fliederfarben oder ohne jegliches Violett, kleiner, Geruch etwas muffig, an nährstoffreichen Stellen (z. B. Kompost), eßbar; Blaßblauer Rötelritterling *(L. glaucocana)*, kräftige Art mit blassem Violettschimmer, Geruch nicht auffallend, Gebirgspilz, eßbar.

Der Violette Rötelritterling ist ein ergiebiger Speisepilz. Sein Genuß soll blutdrucksenkende Wirkung haben (!). Violette Farben besitzen auch einige Schleierlinge *(Cortinarius)*, unter denen es Giftpilze gibt. Der häufige Lila Dickfuß (S. 130) besitzt deutliche Schleierreste am Hutrand und riecht unangenehm nach Acetylen. Er ist leicht giftig. Die Rötelritterlinge unterscheiden sich von den echten Ritterlingen durch ihr saprophytisches Wachstum. Sie gehen im Gegensatz zu diesen keine Lebensgemeinschaft mit Bäumen ein, sondern zersetzen Nadel- oder Laubhumus. Ihr Sporenpulver ist weiß oder blaß fleischfarben, während das der Ritterlinge stets weiß gefärbt ist. Unter den Rötelritterlingen gibt es keine gefährlichen Giftpilze, wohl aber unter den Ritterlingen!

Lilastiel-Rötelritterling, Maskierter Rötelritterling

eßbar, gut

Lepista saeva (L. personata)

Merkmale: Hut weißlich, schmutzig elfenbeinfarben oder fleischbräunlich, bald ausblassend, glatt und kahl, 5–12 cm breit; Lamellen weißlich bis blaß grau, selten schwach lila angehaucht, angewachsen; Stiel oft recht kurz, typisch lila gefärbt, Oberfläche meist rissig-faserig; Fleisch weißlich, mit unauffälligem Geruch. **Vorkommen:** An grasigen Stellen, auf Waldwiesen, Kulturwiesen, Äckern; in Gruppen oder Hexenringen; Saprophyt; Oktober bis Dezember; in Deutschland gleichmäßig, aber zerstreut auftretend, in nassen Jahren gelegentlich Massenpilz. **Ähnliche Arten:** Violetter Rötelritterling (oben), meist in allen Teilen violett, würziger Geruch; Blaßblauer Rötelritterling *(L. glaucocana)*, nirgends kräftig gefärbt, im Gebirge auftretend, eßbar; Veilchen-Ritterling (S. 94), nirgends lila, Geruch nach getrockneter Veilchenwurzel, eßbar.

Fuchsiger Trichterling

eßbar (!)

Lepista flaccida (L. inversa)

Merkmale: Hut dünnfleischig, blaß ocker bis kräftig fuchsrötlich, in der Mitte bald trichterförmig vertieft, Huthaut glatt und kahl, 3–8 cm breit; Lamellen blasser als der Hut, gedrängt stehend, deutlich herablaufend; Stiel meist relativ dünn, zähfleischig. **Vorkommen:** Im Laub- und Nadelwald; bildet oft Reihen oder Kreise; Saprophyt; August bis November; überall häufig. **Ähnliche Arten:** Wasserfleckiger Trichterling *(L. gilva),* Hut dickfleischiger, blaß ocker, mit konzentrischen Wasserflecken, Nadelwaldbewohner, eßbar; Ockerbräunlicher Trichterling (S. 88), heller gefärbt, Hut mit kleinem zentralem Buckel, eßbarer Sommerpilz.

Der Fuchsige Trichterling kann in scharf gebratenem Zustand verwendet werden, schmeckt aber etwas streng, manchmal sogar leicht bitterlich. Beim Verzehr größerer Mengen sollen gelegentlich Verdauungsstörungen aufgetreten sein. Der giftige, im Mittelmeergebiet wachsende Leuchtende Ölbaumpilz *(Omphalotus olearius)* kann, sofern er einzeln am Boden steht, ähnlich sein. Derartige Exemplare fand ich auf Sardinien. Gewöhnlich wächst der Pilz am Holz alter Ölbäume. Er wird selten auch in Süddeutschland gefunden und bevorzugt dort Eichen.

Veilchen-Ritterling

eßbar, gut

Lepista irina

Merkmale: Hut feucht blaß fleischfarben, bei trockener Witterung schnell weißlich ausblassend, mit kräftiger gefärbtem Scheitel, 3–10 cm breit; Lamellen bald mit blaß fleischfarbenem Ton, gedrängt stehend, angewachsen; Stiel schmutzig weißlich, meist etwas faserig-rissig; Geruch typisch süßlich-aromatisch, wie getrocknete Veilchenwurzel (in Apotheken erhältlich). **Vorkommen:** Im Laub- oder Mischwald, unter Buchen, Eichen, Kiefern; bildet mitunter große Hexenringe; liebt anscheinend Sandböden; Saprophyt; September bis Oktober; lokal häufig, so in Berlin und Brandenburg, in Deutschland insgesamt sehr zerstreut. **Ähnliche Arten:** Maipilz (S. 96), Geruch auffallend ranzig-mehlig, wächst nur im Frühjahr, eßbar; Bleiweißer Trichterling *(Clitocybe phyllophila),* Hut firnisartig bereift, Geruch schwach süß-säuerlich, giftig, enthält Muskarin.

Der Veilchen-Ritterling ist ein guter, ergiebiger Speisepilz, der für alle Zubereitungsarten geeignet ist. Der süßlich-parfümartige Geruch, an dem die Art mit gewisser Erfahrung immer erkannt werden kann, verliert sich beim Erhitzen. Der veränderliche Pilz sollte wegen der Verwechslungsgefahr mit Giftpilzen nur von guten Kennern gesammelt werden.

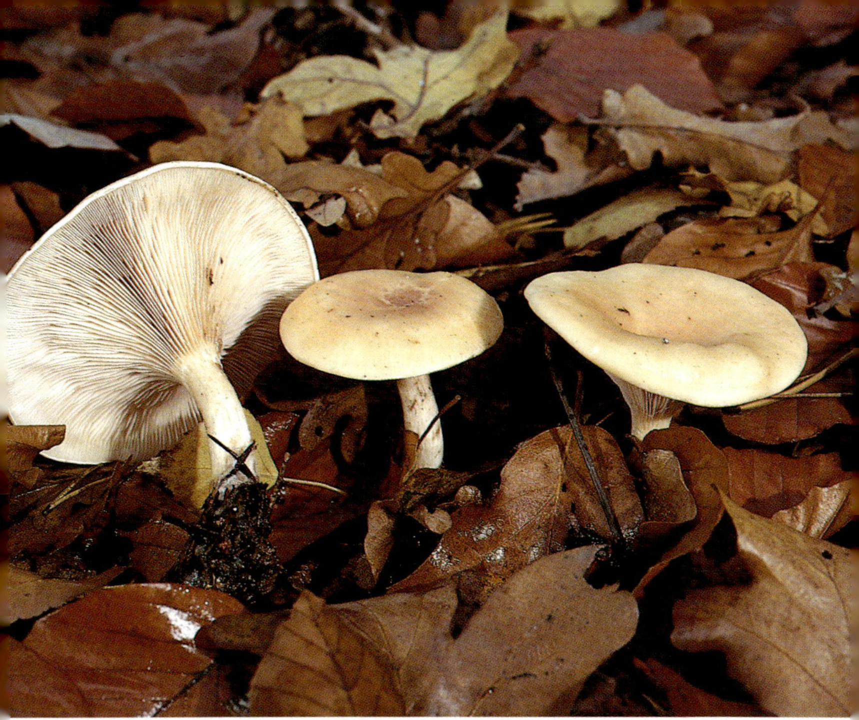

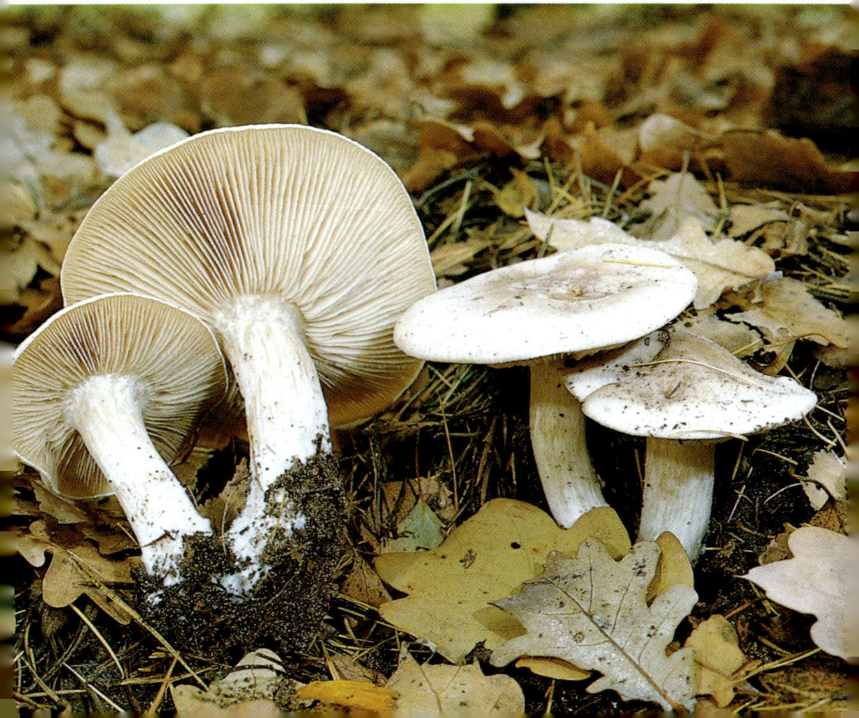

Maipilz, Georgs-Ritterling

Calocybe gambosa

Merkmale: Ein im Frühjahr wachsender ritterlingsartiger Pilz, der durch seinen durchdringenden Mehlgeruch auffällt; Hut gewöhnlich weiß bis schmutzig weißlich, feucht etwas durchwässert, seltener bräunlich oder gelblich, jung durch die eingebogenen Hutränder fast hufförmig (daher der Volksname Huf-Ritterling); Lamellen sehr gedrängt stehend, weiß bis cremefarben, angewachsen; Stiel kompakt, weiß; Geruch aufdringlich nach ranzigem Mehl, teilt sich beim Sammeln den Händen auffallend mit. **Vorkommen:** In Laub- und Mischwäldern mit Auwaldcharakter (Morchelstandorte), Waldwiesen, Parkanlagen, Gärten, unter Eschen, Pappeln, Weiden; in Reihen, Bögen und Hexenringen wachsend; Saprophyt; April bis Juni; in ganz Mitteleuropa häufig, bei günstiger Witterung Massenpilz. **Ähnliche Arten:** Veilchen-Ritterling (S. 94), im Herbst wachsend, Geruch nicht mehlartig, eßbar; Achtung wegen des im Frühjahr auftretenden, giftigen Ziegelroten Rißpilzes (S. 134)!

Der Maipilz kann schon wegen seiner ungewöhnlich frühen Erscheinungszeit kaum verkannt werden. Aufdringlicher Geruch und Geschmack bleiben auch nach der Zubereitung in gewissem Maße erhalten. Zur Abschwächung wird daher Kleinschneiden, Abkochen und Weggießen des Kochwassers empfohlen. Anschließend sollte der Pilz relativ scharf gebraten werden. Dennoch bleibt der Maipilz eine Sache für Liebhaber, denen der Geschmack zusagt.

Der Name Georgs-Ritterling stammt daher, daß die Erscheinungszeit oft genau mit dem in bestimmten Gegenden gefeierten St. Georgstag (23. April) zusammenfällt. Mit den echten Ritterlingen ist der Maipilz aber nur entfernt verwandt. Er gehört zu den »Schönköpfen«, einer relativ kleinen Gattung, deren Arten auffallend farbige Hüte besitzen, z.B. dottergelb, rosa oder violett. Ähnlich kann der seltene Beringte Schönkopf *(C. constricta)* aussehen, dessen wurzelnder Stiel einen kleinen, häutigen Ring aufweist. Er ist ein Herbstpilz, der gedüngte Grasstandorte bevorzugt, und kommt für Speisezwecke nicht in Frage.

Brauner Rasling, Büschel-Rasling

Lyophyllum decastes (L. aggregatum)

eßbar, gut

Merkmale: Geselliges oder auffallend büscheliges Wachstum; Hut hell- oder dunkelbraun, graubraun, schwarzbraun, 5–12 cm breit; Lamellen schmutzig weißlich, angewachsen; Stiel heller als der Hut, an der Basis oft büschelig zusammengewachsen; Fleisch elastisch, ohne auffallenden Geruch. **Vorkommen:** Im Laub- und Mischwald, besonders bei Pappeln oder Weiden, grasige Stellen, Parkanlagen, Gärten, nahe Kompostplätzen; auf lockeren, humusreichen Böden; Saprophyt; erscheint im Frühjahr und Spätherbst, April bis Mai und September bis November, bis zu den ersten Nachtfrösten; lokal häufig, im Flachland sowie Gebirge vorkommend, in ganz Europa. **Ähnliche Arten:** Weißer Rasling (unten), in allen Teilen weiß gefärbt, Geruch nach Hohlem Lerchensporn, eßbar (!).

Der Braune Rasling gehört zu den sehr ergiebigen Speisepilzen. Er ist selten madig und für alle Zubereitungsarten geeignet, wegen der Konsistenz besonders zum Einfrieren. Ich empfehle, nur die Hüte und den oberen Stielteil zu verwenden. Wie alle häufigen und veränderlichen Pilze, so wurde auch der Braune Rasling in mehrere Arten bzw. Varietäten unterteilt. Hut graubraun, besonders spät erscheinend, mehlartiger Geruch: Frost-Rasling (var. *fumosum*). Hut durch dickere Oberhaut wie gepanzert: Gepanzerter Rasling (var. *loricatum*).

Weißer Rasling, Lerchensporn-Ritterling

Lyophyllum connatum

eßbar (!)

Merkmale: In allen Teilen weiß gefärbter, meist büschelig wachsender Pilz, Geruch nach Blüten des Hohlen Lerchensporns *(Corydalis cava)*; Hut kalkweiß, mit abreibbarem firnisartigem Reif, darunter blaß fleischfarben, 3–8 cm breit; Lamellen weiß, gedrängt, gerade angewachsen bis schwach herablaufend; Fleisch färbt sich mit Eisen-II-Sulfat violett. **Vorkommen:** Im Laub- und Nadelwald, an Bachufern unter Pestwurz, am Rande von geschotterten Gebirgswegen; Saprophyt; August bis Oktober; relativ häufig in Mitteleuropa. **Ähnliche Arten:** Weiße Trichterlinge mit firnisartiger Hutbereifung: Bleiweißer Trichterling *(Clitocybe phyllophila);* Wachsstieliger Trichterling *(C. candicans);* Rinnigbereifter Trichterling (S. 88). Sie alle enthalten das Nervengift Muskarin, wachsen aber nur selten büschelig.

Der Weiße Rasling ist wegen der Entdeckung mutagen wirkender (das Erbgut verändernder) Inhaltsstoffe in Verruf geraten. Damit ist aber noch lange nicht erforscht, wie sich der Verzehr für den Menschen tatsächlich auswirkt. Die Art deshalb als Giftpilz auszuweisen, halte ich für voreilig. Es sei hier nur vorbeugend auf diese Erkenntnis hingewiesen. Viel gefährlicher ist die große Verwechslungsgefahr mit weißen Trichterlingen, von denen der Rasling durch Geruch und chemische Reaktion (siehe oben) unterschieden werden kann.

Bärtiger Ritterling,
Wolliger Ritterling, Zottiger Ritterling

Tricholoma vaccinum

ungenießbar

Merkmale: Hut rotbraun, wollig-filzig, trocken, Huthaut am Rande zottig
überhängend, 3–8 cm breit; Lamellen weißlich, bald fleischfarben, im Alter
mit rostigen Flecken, angewachsen; Stiel blaß bräunlich, zur Spitze hin allmählich heller, von Jugend an hohl; Geruch beim Anschneiden schwach
mehlartig, bitterlicher Nachgeschmack. **Vorkommen:** Im Nadelwald, besonders unter Fichten; liebt kalkhaltigen Boden; Mykorrhizapilz; August bis
Oktober; lokal häufig, besonders Süddeutschland, Schweiz, Österreich, in
Norddeutschland selten. **Ähnliche Arten:** Feinschuppiger Ritterling *(T. imbricatum)*, Hut ebenfalls trocken, feinschuppig, Rand unbehangen, Stiel englumig hohl, wächst unter Kiefern oder Fichten, eßbar wenn mild (kann bitter
schmecken).
Der Bärtige Ritterling ist wegen seines bartartig überstehenden Hutrandes gut
erkennbar. Der hohle Stiel ist sehr brüchig. Die meisten anderen braun gefärbten Arten der Gattung zeichnen sich durch einen schmierigen Hut aus.
Unter ihnen gibt es einige Giftpilze (siehe folgene Art).

Weißbrauner Ritterling

Tricholoma albobrunneum (T. striatum)

giftig

RL 3

Merkmale: Hut rotbraun, kahl und glatt, bei feuchter Witterung schmierig-
klebrig, oft mit typisch dunklerer radialer Streifung, Rand bisweilen kurz gerippt, 3–8 cm breit; Lamellen erst weiß, später blaß ocker, gedrängt stehend,
angewachsen; Stiel jung weiß, dann von der Basis her zunehmend bräunlich,
Spitze oft heller, aber nicht scharf abgesetzt; Geruch deutlich mehlartig
(schneiden oder reiben), Geschmack zunächst mild, erst nach längerem Kau-
en deutlich bitter. **Vorkommen:** Im sandigen, flechtenreichen Kiefernwald,
dort ein Charakterpilz, der zusammen mit dem Grünling, dem Schwarzfaseri-
gen Ritterling und dem Halsband-Ritterling wächst; Mykorrhizapilz; (August)
September bis November; in Mitteleuropa selten, häufiger in Brandenburg.
Ähnliche Arten: Alle mit schleimigen, braunen Hüten: Getropfter Ritterling
(T. pessundatum), Hut dunkler gefleckt, auf sandigen und kalkhaltigen Böden, Mehlgeruch, giftig; Fastberingter Ritterling *(T. fracticum)*, Stiel mit scharf
abgesetzter, weißer Spitze und schleimiger Ringzone, unter Kiefern auf Kalkböden, Mehlgeruch, ungenießbar; Brandiger Ritterling *(T. ustale)*, unter
Buchen auf Kalkboden wachsend, ohne Mehlgeruch, ungenießbar; Gelb-
blättriger Ritterling *(T. fulvum)*, Lamellen und Fleisch gelblich, unter Birken,
mit Mehlgeruch, eßbar, sollte abgekocht werden; Pappel-Ritterling *(T. popu-
linum)*, wächst nur unter Pappeln, mit Mehlgeruch, eßbar.
Der Weißbraune Ritterling erzeugt heftige Magen und Darmstörungen. Es gilt
die Regel, daß der Neuling sämtliche braunen Ritterlinge meiden soll. Die
meisten von ihnen schmecken ohnehin bitter.

Erd-Ritterling, Graublättriger Ritterling

Tricholoma terreum

eßbar

Merkmale: Hut heller oder dunkler grau, feinfilzig, trocken, 3–8 cm breit; Lamellen weißlich, mit blaß grauem Schein, schmal angewachsen; Stiel weiß, kahl oder mit schmaler Cortinazone; Fleisch relativ brüchig, ohne Mehlgeruch, Geschmack mild. **Vorkommen:** Im Nadelwald unter Kiefern; ohne besondere Bodenansprüche; Mykorrhizapilz; September bis November (Dezember); überall relativ häufig. **Ähnliche Arten:** Alle besitzen Mehlgeruch: Tiger-Ritterling (unten), kräftige Art, auf Kalkboden, giftig; Gilbender Ritterling *(T. argyraceum)*, Hut mehr silbergrau, gilbend, eßbar; Beringter Ritterling *(T. cingulatum)*, Stiel mit dünner Ringzone, Birkenbegleiter, eßbar; Rötender Ritterling *(T. orirubens)*, Hut dunkelgrau, rötend, bevorzugt lehm- und kalkhaltige Böden, eßbar. Zwei weitere nicht nach Mehl riechende graue Ritterlinge schmecken bitter und scharf: Brennender Ritterling *(T. virgatum)*, im Nadelwald wachsend; Schärflicher Ritterling *(T. sciodes)*, Buchenwald. Sie sind leicht giftig bzw. ungenießbar.

Der Erd-Ritterling ist wegen seines faden Geschmacks höchstens als Mischpilz brauchbar. Im Spätherbst tritt er oft als Massenpilz auf. Die Verwechslungsgefahr mit giftigen oder ungenießbaren Doppelgängern ist aber groß.

Tiger-Ritterling

Tricholoma pardalotum (T. tigrinum)

giftig
RL 3

Merkmale: Hut silbergrau bis dunkelgrau, mit dunkleren Schuppen, Huthaut nicht schmierig, 5–12 cm breit; Lamellen schmutzig weißlich, jung tränend, angewachsen; Stiel weißlich, an der Spitze oft mit wäßrigen Tröpfchen; Geruch und Geschmack angenehm mehlartig. **Vorkommen:** Im Laub- und Nadelwald, unter Buchen oder Fichten; auf Kalk- oder Lehmböden; Mykorrhizapilz; (August) September bis Oktober; in Kalkgebieten zerstreut auftretend, so in Süddeutschland, Tirol (Österreich), Nordschweiz. **Ähnliche Arten:** Schwarzschuppiger Ritterling *(T. atrosquamosum)*, dünnfleischiger, Geruch aromatisch, doch nicht nach Mehl, bevorzugt Kalkböden, eßbar; Erd-Ritterling (oben), Hut nicht schuppig, sondern seidig-faserig, ohne Mehlgeruch, Kiefernbegleiter, eßbar.

Der Tiger-Ritterling verursacht heftige, lang anhaltende Magen- und Darmstörungen. Auch vereinzelte Todesfälle sind bekannt. Er wächst gewöhnlich in Gruppen und verführt wegen seiner Kompaktheit zum Sammeln. Ein gutes Kennzeichen ist die Ausscheidung von wasserklaren Tröpfchen an Stielspitze und Lamellen. Es ist aber nicht bei jeder Wetterlage zu beobachten.

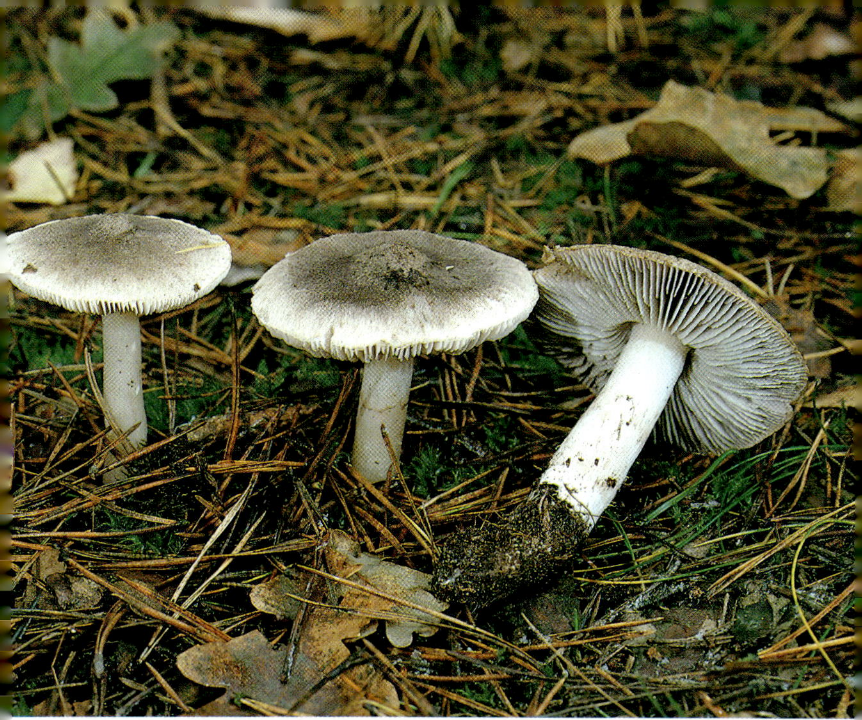

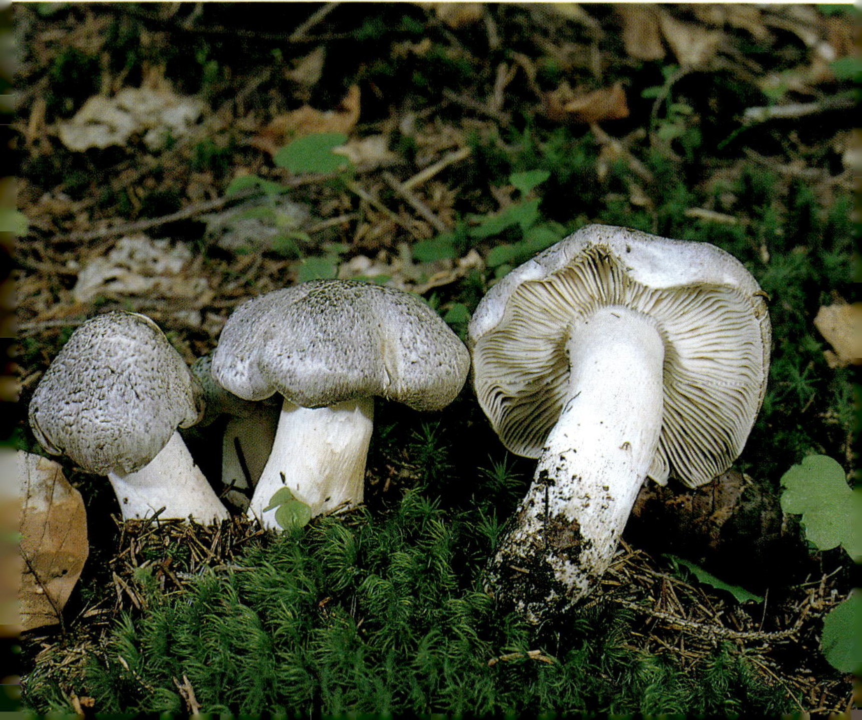

Schwarzfaseriger Ritterling, Schnee-Ritterling

Tricholoma portentosum

eßbar, gut

RL 3

Merkmale: Hut hell- bis dunkelgrau, mit feiner, schwärzlicher Radialstreifung, Huthaut schmierig, 4–10 cm breit; Lamellen und Stiel weiß, oft mit blaß gelbgrünlichem Beiton; Geruch angenehm mehlartig. **Vorkommen:** Im Nadelwald, im flechtenreichen Kiefernwald, doch auch unter Fichten; liebt Sandböden; Mykorrhizapilz; September bis Dezember; lokal häufig, z. B. im Bayerischen Wald oder in Brandenburg. **Ähnliche Arten:** Erd-Ritterling (S. 102), mit trockenem Hut, ohne Mehlgeruch, eßbar.

Der Schwarzfaserige Ritterling wächst oft mit dem bekannten Grünling zusammen und ist ein ebenso guter Speisepilz. Er kann manchmal noch im Dezember gefunden werden, wenn die ersten Schneefälle eingesetzt haben (Schnee-Ritterling). Der Volksname »Rußkopf« bezieht sich auf den schwarzstreifigen Hut, der ein typisches Merkmal darstellt. Das Sammeln von grauhütigen Ritterlingen ist nur guten Kennern zu empfehlen, da die Verwechslungsgefahr mit giftigen Arten (vgl. Tiger-Ritterling, S. 102) groß ist.

Grünling, Echter Ritterling

Tricholoma equestre (T. auratum)

eßbar, gut

gesch., RL 3

Merkmale: Hut grünlich-braun, gelbgrün bis leuchtend gelb, schmierig, oft mit anhaftendem Sand bedeckt, 4–10 cm breit; Lamellen blaß gelb bis leuchtend schwefelgelb, angewachsen; Stiel weißlich bis hellgelb; Fleisch weiß, in Stielrinde gelblich, Geruch und Geschmack angenehm mehlartig. **Vorkommen:** Im Nadelwald, vor allem unter Kiefern oder Fichten, seltener unter Laubbäumen (z. B. Pappeln oder Birken); meist auf Sandböden; Mykorrhizapilz; September bis November; lokal häufig, besonders in Mittel- und Ostdeutschland sowie Osteuropa. **Ähnliche Arten:** Schwefel-Ritterling (S. 106), Hut trocken, in allen Teilen schwefelgelb gefärbt, Lamellen entfernt stehend, Leuchtgasgeruch, schwach giftig; Grüngelber Ritterling *(T. sejunctum)*, Hut klebrig, mit weißlichen Lamellen, kann bitterlich schmecken, giftverdächtig; Sellerie-Ritterling *(T. luteovirens)*, trockenhütig, mit Selleriegeruch, eßbar.

Der Grünling ist ein guter, beliebter Speisepilz, der für seine Sandigkeit bekannt ist. Man sollte ihn gut waschen. Die im Gemüsehandel angebotenen Pilze stammen zumeist aus Polen, da die Art in Deutschland seit 1986 unter Naturschutz steht und nicht gesammelt werden darf. In Mitteleuropa ist der Grünling selten geworden. Selbst in den ausgesprochenen »Grünlingsgegenden«, den flechtenreichen Kiefernwäldern Brandenburgs, ist ein deutlicher Rückgang zu verzeichnen.

Schwefel-Ritterling

Tricholoma sulphureum

giftig

Merkmale: In allen Teilen grüngelblich bis leuchtend schwefelgelb; Hut trocken, matt, 3–8 cm breit; Lamellen dicklich, entfernt stehend, angewachsen; Stiel bald hohl und daher brüchig; Fleisch durchgehend schwefelgelb, mit unangenehmem Leuchtgasgeruch. **Vorkommen:** Im Laub- und Nadelwald; ohne besondere Bodenansprüche; Mykorrhizapilz; Juli bis Oktober; überall häufig. **Ähnliche Arten:** Grünling (S. 104), Hut schmierig, Lamellen stehen gedrängter, Mehlgeruch, eßbar; <u>Lästiger Ritterling</u> *(T. inamoenum)*, in allen Teilen weißlich bis blaß ocker, mit Leuchtgasgeruch, ungenießbar.

Der Schwefel-Ritterling, der klassische Doppelgänger des Grünlings, ist stets an seinem typischen Geruch zu erkennen. Er enthält blutzersetzende Inhaltsstoffe (Hämolysine), die durch Abkochen ihre Wirkung verlieren. Wegen des unangenehmen Geschmacks ist der Pilz auch dann ungenießbar. Eine Abart mit bräunlichem Hut wird als <u>var. *bufonium*</u> abgetrennt. Sie ist seltener als die Hauptform. Alle anderen Merkmale sind mit dieser identisch.

Rötlicher Holzritterling,
Purpurfilziger Holzritterling

Tricholomopsis rutilans

eßbar (!)

Merkmale: Hut fein schuppig-filzig, purpur bis lila gefärbt, Untergrund gelb, trocken, 5–15 cm breit; Lamellen leuchtend gelb, mit feinflockiger Schneide (Lupenmerkmal), angewachsen; Stiel purpurfilzig wie der Hut oder gelblich; Geruch und Geschmack etwas muffig. **Vorkommen:** An totem Nadelholz, besonders Kiefer oder Fichte, selten Laubholz; manchmal büschelig wachsend; Saprophyt; Juli bis November; häufig in ganz Mittel- und Nordeuropa. **Ähnliche Arten:** <u>Olivgelber Holzritterling</u> *(T. decora)*, kleinere, seltenere Art mit vorwiegend olivgelben Farben, Hut mit schwärzlichen, feinen Schüppchen, eßbar.

Der Rötliche Holzritterling ist im Jungzustand als Mischpilz brauchbar. Größere Mengen sind wegen des muffigen Geschmacks nicht empfehlenswert. Ältere Exemplare sollen bei empfindlichen Personen Verdauungsstörungen hervorrufen können. Der Pilz kann im Alter seine Farbe sehr verändern. Durch starken Regen wird der Hutfilz vollends abgetragen und die leuchtend gelbe Farbe herrscht vor.

Gewöhnlicher Hallimasch

eßbar nach Abkochen (!)

Armillaria ostoyae (A. polymyces)

Merkmale: Auffallende Büschel im Spätherbst an totem oder lebendem Holz bildend; Hut meist fleischbräunlich, mit feinen, abwaschbaren, schwärzlichen oder dem Hut gleichfarbigen Schüppchen besetzt, Rand im Alter gerieft, 3–10 cm breit; Lamellen blaß fleischfarben, leicht herablaufend; Stiel etwas schuppig, mit hoch sitzendem, weißlichem Ring, sonst dem Hut gleichfarbig, mit gelblicher Basis. **Vorkommen:** An lebendem oder totem Laub- und Nadelholz, an Stümpfen, auf Wurzeln; Parasit und Saprophyt; (September) Oktober bis Dezember; häufig in ganz Europa. **Ähnliche Arten:** Sparriger Schüppling (S. 126), Hut und Stiel mit dicht stehenden, abstehenden Schüppchen, Stiel mit wollig-schuppiger Ringzone, würziger Geruch.

Der Hallimasch ist ein sehr bekannter und beliebter, jedoch nicht ganz unkritischer Speisepilz. Er ist roh giftig und sollte unbedingt kurz abgekocht werden, bevor er wie andere Pilze zubereitet wird. Das Kochwasser ist wegzuschütten, da sich hier die Giftstoffe sammeln. Scharfes Braten wird empfohlen. Die zähen Stiele sind unverwendbar. Empfindliche Menschen vertragen den Hallimasch eventuell auch dann nicht und sollten ihn generell meiden.

Der Hallimasch ist sehr veränderlich und wird heute in mehrere Kleinarten unterteilt, die sich äußerlich z. T. deutlich unterscheiden. Die Angaben zum Speisewert gelten für alle Varianten. Wer sich im Walde bei der Bestimmung nicht sicher ist, kann ein kleines Stück des Hutes kauen und wieder ausspucken. Nach etwa einer Minute stellt sich im Rachen ein typisch kratzendes Gefühl ein, welches nur dem Hallimasch eigen ist. Die Sporen sind farblos, weshalb tiefsitzende Hüte durch das ausfallende Sporenpulver der oberen weiß bestäubt erscheinen. Die ähnlich aussehenden Schüpplinge unterscheiden sich durch braunes Sporenpulver.

Bei Forstleuten ist der Hallimasch sehr unbeliebt und gefürchtet, da er im Waldbestand großen Schaden anrichten kann. Unter der Rinde kranker Bäume ist das typische Myzel zu erkennen, welches aus flachgedrückten, braunschwarzen Strängen besteht. Mit ihnen kriecht der Pilz hoch, um weiter oben Fruchtkörper bilden zu können. Daneben existieren weißliche, papierartige Myzelbereiche, die bei bestimmter Witterung im Dunkeln schwach leuchten. Das Holz verliert durch den Befall seine Festigkeit.

Honiggelber Hallimasch

eßbar nach Abkochen (!)

Armillaria mellea

Merkmale: Hut gelblich, kaum schuppig; Lamellen fast weiß; Stiel kahl, mit kragenförmig abstehendem, unterseits gelblichem Ring. **Vorkommen:** Büschelig an Laubholz (z. B. Rotbuche); seltener als der Gewöhnliche Hallimasch. Anmerkungen zur Unverträglichkeit (!) siehe oben.

Frost-Schneckling

eßbar

Hygrophorus hypothejus

Merkmale: Hut dunkelbraun, olivbräunlich, oft mit gelblichen Beitönen, Mitte mit kleinem Buckel, feucht schleimig, 2–6 cm breit; Lamellen gelblich, dicklich, schwach herablaufend; Stiel weißlich bis gelblich, schleimig, Basis zugespitzt; Fleisch gelblich, Geruch bisweilen obstig-aromatisch. **Vorkommen:** Im Nadelwald unter Kiefern; besonders auf Sandböden; Mykorrhizapilz; Oktober bis Dezember; lokal relativ häufig in Mittel- und Nordeuropa. **Ähnliche Arten:** Olivbrauner Schneckling (unten), ohne Gelbtöne, Fichtenbegleiter, eßbar; Pustel-Schneckling *(H. pustulatus)*, mit graubraunem Hut und weißen Lamellen, Stiel nicht schleimig, hell, mit schwärzlichen Pünktchen besetzt, unter Fichten, eßbar.

Der Frost-Schneckling kann wegen seiner späten Erscheinungszeit, er wächst erst nach Einsetzen der ersten Nachtfröste, kaum mit anderen Arten verwechselt werden. Er ist ein guter, wohlschmeckender Speisepilz, der aber in seinen Fruchtkörpern relativ viel radioaktives Cäsium speichert. Eine seltenere Abart mit lebhaft goldorange gefärbtem Hut wird als var. *aureus* abgetrennt.

Olivbrauner Schneckling, Natternstieliger Schneckling

eßbar

Hygrophorus olivaceoalbus

Merkmale: Hut dunkel olivbraun, graubraun, Rand oft heller, doch ohne Gelbtöne, deutlich schleimig, 3–6 cm breit; Lamellen weiß, dicklich, entfernt stehend, leicht herablaufend; Stiel grauweißlich genattert, mit abgesetzter weißer Spitze, schleimig; Fleisch rein weiß, geruchlos. **Vorkommen:** Im Nadelwald unter Fichten; auf sauren Böden, besonders im Gebirge, an feuchten, moosreichen Stellen; Mykorrhizapilz; August bis November; häufig, besonders in Süddeutschland, Österreich und der Schweiz. **Ähnliche Arten:** Zweifarbiger Schneckling *(H. persoonii)*, kräftiger Laubwaldbewohner auf kalkhaltigen Böden, selten; Olivgrauer Schneckling *(H. latitabundus)*, relativ kräftig, wächst im Kiefernwald auf Kalkboden; Graubrauner Schleimstielschneckling *(H. mesotephrus)*, seltene Art des Laubwaldes; Frost-Schneckling (oben), mit gelblichen Lamellen, Kiefernbegleiter im Spätherbst. Alle erwähnten Arten sind eßbar.

Der Olivbraune Schneckling ist ein Charakterpilz des bodensauren Fichtenwaldes und gleichzeitig einer der häufigsten Arten seiner Gattung. Der Name »Schneckling« bezieht sich auf die meist starke Schleimigkeit der Hüte bzw. Stiele. Typisch sind auch die dicklichen, entfernt stehenden Lamellen. Unter den Schnecklingen befindet sich kein Giftpilz. Wenige Arten der Gattung sind wegen ihres unangenehmen Geschmacks ungenießbar.

Schild-Rötling

eßbar

Entoloma clypeatum

Merkmale: Hut oft breit gebuckelt, graubräunlich, hygrophan, meist radial-streifig ausblassend, 4–10 cm breit; Lamellen zuerst weißlich, dann rosa, angewachsen; Stiel kompakt, meist heller als der Hut, längsfaserig; Fleisch beim Reiben mit deutlichem Mehlgeruch. **Vorkommen:** Unter Rosaceen-gebüsch (Schlehen, Weißdorn, auch Obstbäume) in lichten Wäldern, Parkanlagen, Gärten; Saprophyt; April bis Juni; relativ häufig bis zerstreut in Mitteleuropa. **Ähnliche Arten:** Schlehen-Rötling (*E. sepium*), mit hellerem Hut, Fleisch etwas rötend, mit Mehlgeruch, wächst zur selben Jahreszeit, eßbar; Frühlings-Giftrötling (*E. vernum*), zierlicher, ohne Mehlgeruch, giftig; Riesen-Rötling (*E. eulividum*), großer, kräftiger Herbstpilz, Lamellen erst gelblich, dann rötlich, Mehlgeruch, giftig; Niedergedrückter Rötling (unten), ohne Mehlgeruch, Herbstpilz, giftig.

Der Schild-Rötling hat seinen Namen von dem breiten Hutbuckel, der auch als »Schild« bezeichnet wird. Der Mehlgeruch sowie die frühe Erscheinungszeit kennzeichnen den gesellig wachsenden, ergiebigen Speisepilz gut. Wegen der großen Verwechslungsgefahr mit giftigen Doppelgängern sollte er nur von guten Kennern gesammelt werden. Alle Arten der sehr umfangreichen Gattung der Rötlinge zeichnen sich durch ihr rötlich gefärbtes Sporenpulver aus, welches die reifen Lamellen rosa färbt.

Niedergedrückter Rötling

giftig

Entoloma rhodopolium

Merkmale: Hut graubraun, blaß horngrau oder graugelblich, hygrophan, beim Trocknen ausblassend, Mitte meist flachgedrückt, 4–8 cm breit; Lamellen weißlich, dann rosa, angewachsen; Stiel zylindrisch, blasser als der Hut; Fleisch relativ fest, geruchlos oder schwach obstartig bis nitrös riechend, nicht nach Mehl. **Vorkommen:** In feuchten Laub- und Nadelwäldern, auch Parkanlagen; Saprophyt; Juli bis September (Oktober); zerstreut in Mitteleuropa auftretend. **Ähnliche Arten:** Schild-Rötling (oben), mit gebuckeltem Hut und deutlichem Mehlgeruch, nur im Frühling wachsend, eßbar; weitere z. T. giftige Rötlinge sind sehr ähnlich!

Der Genuß des Niedergedrückten Rötlings ruft Durchfall und Erbrechen hervor. Die Giftstoffe sind noch unbekannt. Eine deutlich nitrös riechende Form wird als Alkalischer Rötling, fm. *nidorosum*, abgetrennt. Sie ist ebenfalls giftig.

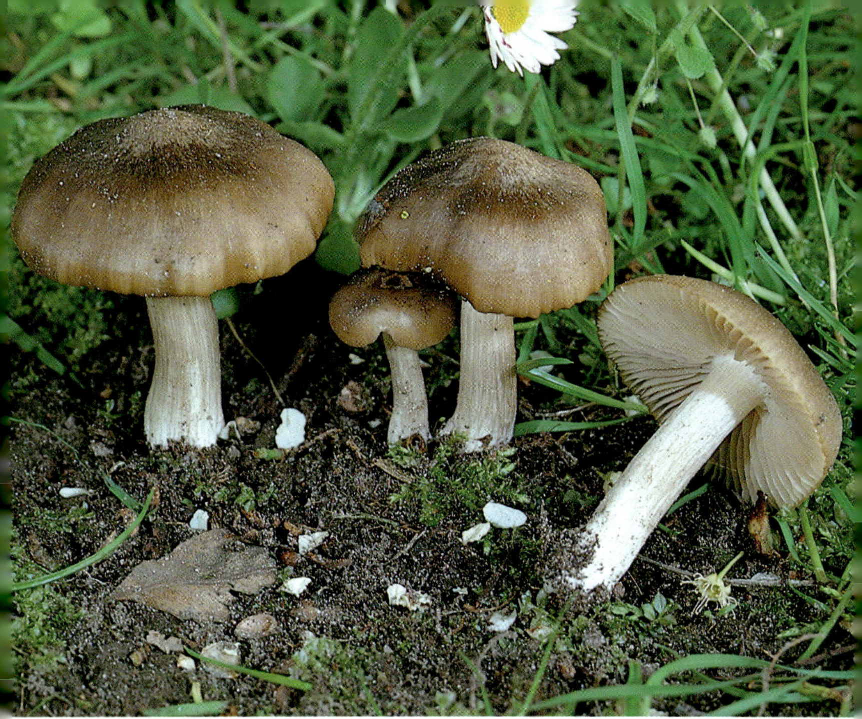

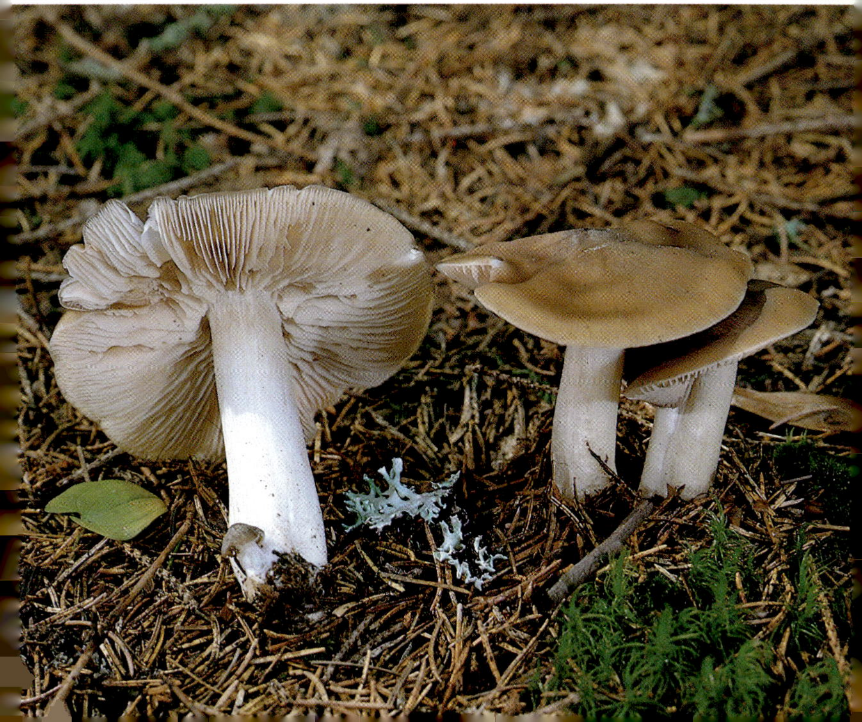

Mehl-Räsling, Mehlpilz

eßbar

Clitopilus prunulus

Merkmale: Hut rein weiß bis grauweißlich, fleischig, Mitte schwach ge-buckelt bis vertieft, Huthaut matt und trocken, 3–8 cm breit; Lamellen erst rein weiß, dann blaß rosa, deutlich herablaufend; Stiel weißlich, zentral- bis seitenständig; Fleisch weiß, zart, Geruch und Geschmack angenehmem mehlartig. **Vorkommen:** Im Laub- und Nadelwald, gern an freien, grasigen Stellen; Saprophyt; häufig in ganz Mittel- und Nordeuropa. **Ähnliche Arten:** Bleiweißer Trichterling *(Clitocybe phyllophila)*, ohne Mehlgeruch, Lamellen laufen kaum herab, giftig; Rinnigbereifter Trichterling (S. 88) und verwandte Arten, alle giftig.

Der Mehl-Räsling ist wegen der Verwechslungsgefahr mit giftigen weißen Trichterlingen nichts für Anfänger. Er unterscheidet sich von giftigen Trichter-lingen vor allem durch die deutlich herablaufenden Lamellen, die sich durch die reifenden Sporen bald lachsrosa färben. Bei jungen Räslingen sind die La-mellen noch weiß gefärbt. Um das Sporenpulver sichtbar zu machen, kann ein reifer Hut einige Stunden mit den Lamellen nach unten auf ein Stück weißes Papier gelegt werden. Man erhält dann einen lachsfarbenen Abdruck. Eine selten auftretende Abart des Mehl-Räslings, die var. *amara*, ist wegen ih-res bitterlichen Geschmacks ungenießbar.

Würziger Tellerling

eßbar

Rhodocybe gemina (R. truncata)

Merkmale: Hut fleischrosa bis blaß fleischbräunlich, Huthaut matt und trocken, 5–10 cm breit; Lamellen erst schmutzig weißlich, bald blaß fleisch-bräunlich, angewachsen, im Alter schwach herablaufend; Fleisch weißlich bis blaß holzfarben, Geruch typisch und angenehm würzig. **Vorkommen:** Im Nadel- und Laubwald; Saprophyt; August bis Oktober; relativ selten, in Deutschland zerstreut auftretend. **Ähnliche Arten:** Veilchen-Ritterling (S. 94), mit helleren Hutfarben, glatterer Huthaut und abweichendem Geruch, eßbar.

Der Würzige Tellerling wirkt wie ein Rötelritterling, ist aber mit diesen nicht verwandt. In älteren Büchern wird er daher auch als »Würziger Rötelritter-ling« bezeichnet. Für den Sammler ist der angenehme, würzige Geruch das sicherste Kennzeichen. Innerhalb seiner Gattung bildet die Art eine Ausnah-me, da die meisten anderen relativ schmächtig gebaut sind. Einige schmecken bitter und werden daher »Bitterlinge« genannt. Die Tellerlinge sind von Fachleuten am sichersten an ihren Sporen zu erkennen, die im Mi-kroskop untersucht werden müssen. Sie besitzen eine typisch eckige Form und erinnern an die Sporen der Rötlinge. Beide Gattungen werden, zusam-men mit den Räslingen, in die Familie der Rotblättler (Entolomataceae) ge-stellt. Ihr Sporenpulver hat eine fleischrötliche Farbe.

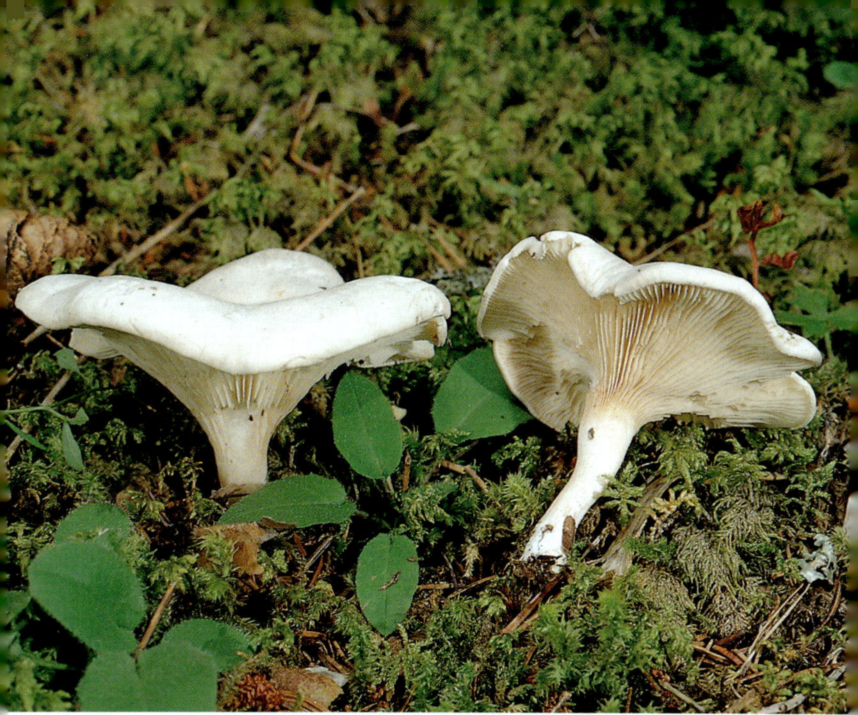
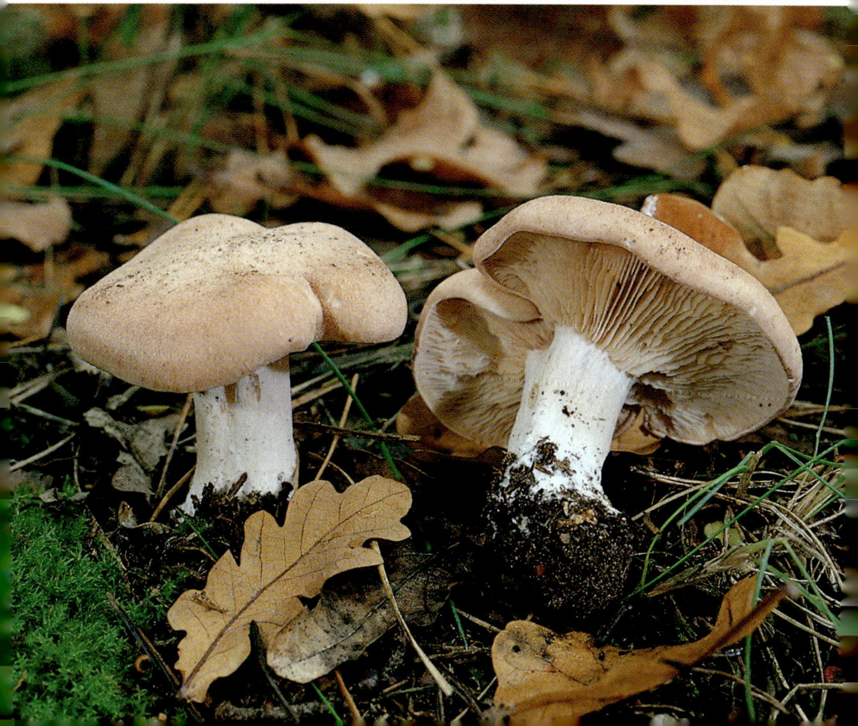

Schopf-Tintling, Spargelpilz jung eßbar
Coprinus comatus

Merkmale: Hut walzenförmig, zuerst rein weiß, mit zottig abstehenden Schuppen bedeckt, dann glockenförmig aufschirmend und dabei vom Rande her in einen tintenartigen Brei auflösend und zerfließend, 6–12 cm hoch; Lamellen sehr gedrängt stehend, angeheftet, erst weiß, dann rosa, vor dem Zerfließen schwarz werdend; Stiel weiß, hohl und zerbrechlich, mit lose sitzendem, schmalem Ring. **Vorkommen:** Meist außerhalb des Waldes, an Wegrändern, Äckern, Feldern, vor allem Kulturwiesen; oft in großen Gruppen; Saprophyt; Mai bis November; überall häufig. **Ähnliche Arten:** Grauer Tintling (unten), Hut grau oder graubraun, kaum geschuppt, bedingt eßbar; Specht-Tintling *(C. picaceus)*, Hut schwarzbraun, mit dichtem, weißem Velumbelag, Stiel ringlos, wächst besonders im Buchenwald, ungenießbar.

Schopf-Tintlinge sind gutschmeckende Speisepilze, die zum Braten geeignet sind. Die längs aufgeschnittenen Fruchtkörper können auch zuvor wie ein Schnitzel paniert werden. Man verwende jedoch nur solche mit absolut weißen Lamellen, da sonst die Selbstauflösung der Lamellen beginnt und die Pilze unappetitlich werden. Das tintenartige Zerfließen ist das namengebende Merkmal der Gattung. Bei feuchtwarmer Witterung setzt dieser Vorgang besonders schnell ein.

Grauer Tintling, Falten-Tintling eßbar ohne Alkohol
Coprinus atramentarius

Merkmale: Hut meist glockig, grau, silbergrau, graubräunlich, oft längsgefaltet, kahl oder seltener mit wenig auffallenden, anliegenden Schuppen, 5–10 cm hoch; Lamellen jung zartgrau, angeheftet, sehr eng stehend, bald schwarz werdend und zerfließend; Stiel weiß bis blaß grau, hohl, ringlos, im unteren Drittel mit knotenförmiger Verdickung (anderer Name: Knoten-Tintling). **Vorkommen:** An lichten Waldstellen, Wegrändern, vermoderten Holzstümpfen, auf Kulturwiesen, Parks, Friedhöfen; oft in Büscheln wachsend; Saprophyt; Mai bis November; überall häufig. **Ähnliche Arten:** Großer Rauhspor-Tintling *(C. alopecia)*, sehr ähnlicher, seltener Holzbewohner, in Verbindung mit Alkohol giftig; Schopf-Tintling (oben), mit weißlichem, schuppigem Hut, Stiel beringt, eßbar.

Vor und vor allem bis zu 3 Tagen nach dem Verzehr des Grauen Tintlings darf kein Alkohol getrunken werden. Es können sonst vorübergehende Vergiftungserscheinungen (siehe Einführung, Abschnitt Giftpilze) auftreten. Dasselbe gilt für den oben erwähnten Großen Rauhspor-Tintling. Einige Menschen sind dagegen anscheinend immun und verspüren keinerlei Nebenwirkungen.

Tränender Saumpilz

eßbar

Lacrymaria lacrymabunda (Psathyrella velutina)

Merkmale: Hut ocker- bis rostbraun, Oberfläche fein faserig-filzig, trocken, Rand bei aufgeschirmten Exemplaren filzig-zottig behangen, 3–8 cm breit; Lamellen grau- bis schokoladenbraun, typisch gescheckt, jung wäßrige Tröpfchen ausscheidend (tränend), angewachsen; Stiel mit faserig-zottiger Ringzone, immer hohl; Fleisch mürbe und brüchig, Geruch erst angenehm würzig, im Alter spermatisch (Rißpilzgeruch). **Vorkommen:** Gedüngte Wiesen, Äcker, Parkanlagen, Wegränder; Saprophyt; Juni bis Oktober; häufig in ganz Mitteleuropa. **Ähnliche Arten:** <u>Feuerfarbener Saumpilz</u> (var. *pyrotricha*), Hutfarben leuchtend orangerot, seltene Varietät, eßbar.

Der Tränende Saumpilz kann sehr groß werden, wiegt aber durch seine Dünnfleischigkeit überraschend wenig. Er ist wegen der typischen Merkmale kaum mit anderen Pilzen zu verwechseln. Die faserige Ringzone am Stiel wird durch das ausfallende Sporenpulver schwarz gefärbt. Sie erinnert an das faserige Velum der Schleierlinge. Gescheckte Lamellen besitzen auch die zarteren Düngerlinge *(Panaeolus)*, von denen einige leicht giftig sind.

Wäßriger Saumpilz,
Weißstieliges Stockschwämmchen

eßbar

Psathyrella piluliformis (P. hydrophila)

Merkmale: Hut feucht einfarbig dunkelbraun, hygrophan, daher bald zweifarbig ausblassend, schließlich gänzlich hellbeige oder ocker, Oberfläche gelegentlich gerunzelt, Rand mit dünnhäutiger Saumkante, 2–6 cm breit; Lamellen braun, angewachsen; Stiel schmutzig weißlich, kahl, ringlos, englumig hohl und zerbrechlich. **Vorkommen:** Im Laubwald; büschelig an toten Stümpfen, besonders an Rotbuche; Saprophyt; (August) September bis November; überall häufig, außer in Nadelwaldgebieten. **Ähnliche Arten:** <u>Schokoladenbrauner Zärtling</u> (*P. spadicea*), Hut größer, mehr rotbräunlich gefärbt, Lamellen mit fleischrötlichem Ton, eßbar; <u>Behangener Faserling</u> *(P. candolleana)*, hellhütige, sehr häufige Art, eßbar; Stockschwämmchen (S. 122), Stiel schuppig, häutig beringt, eßbar. Vorsicht bei z. T. bitteren Schwefelköpfen *(Hypholoma)* mit gelblichen Hüten und dem giftigen Nadelholz-Häubling (S. 138).

Der Wäßrige Saumpilz ist ein typischer Vertreter büschelig wachsender Holzbewohner, die in verschiedenen Gattungen zu finden sind. Die Arten der Gattung *Psathyrella* werden entsprechend ihres äußeren Erscheinungsbildes als Zärtlinge, Faserlinge oder Saumpilze bezeichnet. Unter ihnen sind keine Giftpilze bekannt.

Grünspan-Träuschling

eßbar

Stropharia aeruginosa

Merkmale: Hut auffallend blaugrün, bei feuchtem Wetter mit dicker Schleimschicht überzogen, oft mit weißlichen, konzentrischen Flöckchen, 3–8 cm breit; Lamellen purpurgrau, mit weißer Schneide, angewachsen; Stiel blaß grünlich, mit abstehend-häutigem, oberseits gerieftem Ring, darunter schuppig; Geruch etwas muffig. **Vorkommen:** Im Laub- und Nadelwald; am Boden, doch auch an totem Holz; Saprophyt; (August) September bis November; überall häufig. **Ähnliche Arten:** Blauer Träuschling (*S. caerulea*), Lamellen heller gefärbt, ohne weiße Schneide, Stiel nur mit faseriger Ringzone, wächst besonders an Wegrändern unter Brennesseln, häufig, eßbar; Bläulicher Träuschling (*S. albocyanea*), zartere Art mit blasseren Farben, Stiel ringlos, selten, eßbar.

Frische Grünspan-Träuschlinge gehören zu unseren schönsten Pilzen. Sie fallen durch ihre blaugrüne Farbe auf, die im Pilzreich selten ist. Alte Exemplare blassen senfgelblich aus und sind dann kaum noch zuzuordnen. Wegen des muffigen Geschmacks gehören sie nicht zu den guten Speisepilzen. Das Abziehen der Huthaut soll Besserung schaffen.

Rotbrauner Riesen-Träuschling, Kultur-Träuschling

eßbar (!)

Stropharia rugosoannulata

Merkmale: Hut rotbraun, graubraun oder gelblich, Huthaut auch feucht nur schwach klebrig, bald gänzlich trocken, 5–15(20) cm breit; Lamellen erst rauchgrau, dann grauviolett, gedrängt stehend, angewachsen; Stiel weißlich bis gelblich, kahl, mit sternförmig gezähntem, oberseits gerieftem, dickem Ring; Geschmack rettichartig oder fast wie rohe Kartoffeln. **Vorkommen:** In Parkanlagen und Gärten, auf verrottendem Kompost, Stroh oder Rindenmulch; Saprophyt; Juni bis Oktober; in Europa zerstreut bis selten, ist aber ein häufiger werdender Kulturfolger. **Ähnliche Arten:** Üppiger Träuschling (*S. hornemannii*), Hut schmierig, wächst auf Nadelholzresten im Gebirge, selten, giftverdächtig.

Der Rotbraune Riesen-Träuschling ist inzwischen ein beliebter Zuchtpilz geworden, der als »Braunkappe« auf den Markt kommt. So mancher Gartenbesitzer hat ihn auf beimpften Strohballen mit Erfolg kultiviert. Leider wird kaum darauf hingewiesen, daß ihn empfindliche Personen nicht immer vertragen und mit Verdauungsstörungen reagieren. Er sollte bei der Zubereitung in jedem Falle ausreichend erhitzt werden.

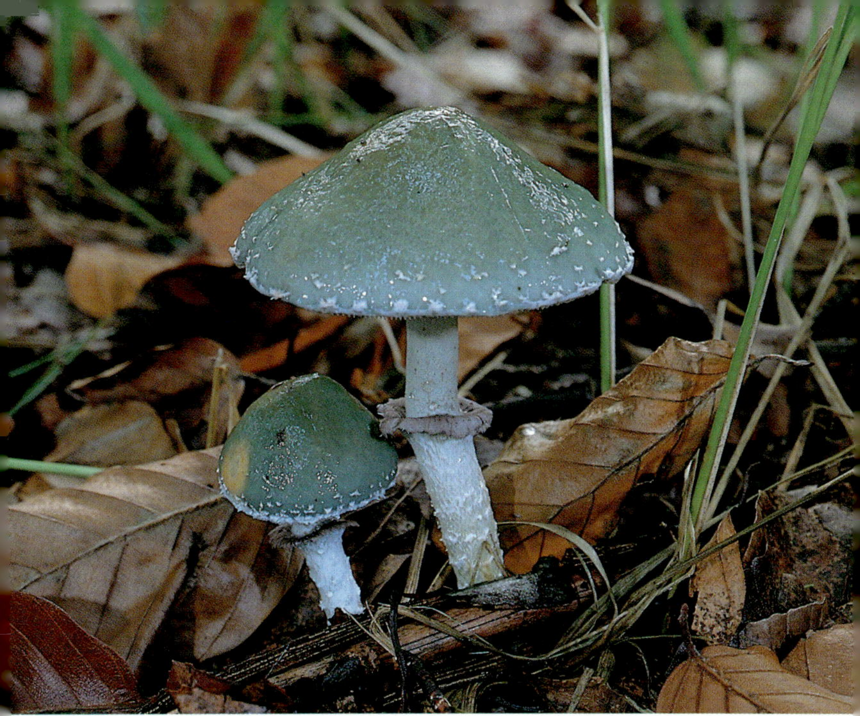
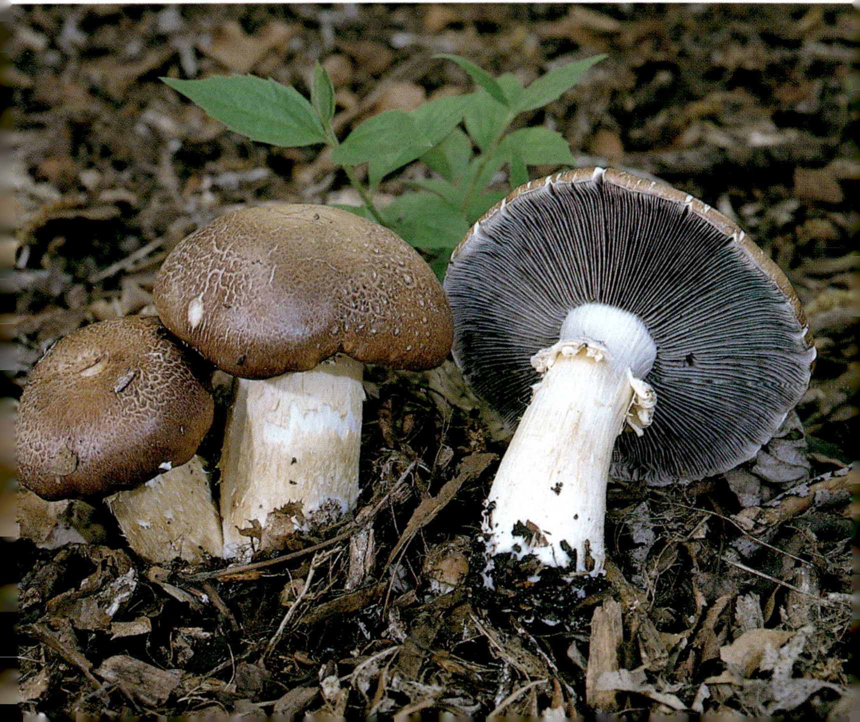

Stockschwämmchen
Kuehneromyces mutabilis

eßbar

Merkmale: Hut gelb- bis rötlich-bräunlich, stark hygrophan, Rand lange mit dunklerer, durchwässerter Zone, Mitte gelblich ausblassend, Oberfläche meist kahl und glatt, seltener mit feinen Flöckchen besetzt, 2–6 cm breit; Lamellen honiggelblich, im Alter fast rostbraun, angewachsen; Stiel mit häutigem, bräunlichem Ring, unterhalb dessen mit feinen, bräunlichen Schüppchen; Fleisch mürbe, im Stiel etwas zäh, Geruch würzig-pilzig. **Vorkommen:** An Stämmen und Stümpfen von Laubholz, selten auch an Nadelholz; oft in vielzähligen Büscheln; Saprophyt; Mai bis November; überall sehr häufig. **Ähnliche Arten:** Nadelholz-Häubling (S. 138), zierlicher Nadelholzbewohner mit schwachem Mehlgeruch, sehr giftig; Wäßriger Saumpilz (S. 118), Stiel heller, ringlos, eßbar; Geflecktblättriger Flämmling (S. 136), in allen Teilen zimtfuchsig gefärbt, Hut nicht hygrophan, bitterer Geschmack. Achtung, die z. T. bitteren und leicht giftigen Schwefelköpfe wachsen ebenfalls büschelig. Das Stockschwämmchen ist mit einiger Übung leicht an seinem zweifarbig-durchwässerten Hut und dem Stielring zu erkennen. Bei sehr feuchter oder trockener Wetterlage kann der Hut auch einfarbig sein. Er ist ein beliebter Suppenpilz. Die zähfleischigen Stiele verbleiben beim Sammeln gleich am Standort.

Rauchblättriger Schwefelkopf, Milder Schwefelkopf
Hypholoma capnoides

eßbar

Merkmale: Hut blaß gelblich bis hellocker, oft etwas durchwässert, kahl, Randzone mit zartem Velumsaum, 2–6 cm breit; Lamellen lange blaß rauchgrau, reif grau-purpurbraun, angewachsen; Stiel blaß gelblich, zur Basis ins Bräunliche übergehend, ohne Ring; Geschmack mild. **Vorkommen:** An Nadelholzstümpfen, besonders Kiefer und Fichte; büschelig wachsend; Saprophyt; Oktober bis Dezember (März); überall häufig. **Ähnliche Arten:** Grünblättriger Schwefelkopf (S. 124), mit olivgelblichen Lamellenfarben, sehr bitterer Geschmack, giftig; Ziegelroter Schwefelkopf (S. 124), größere Art mit ziegelrötlichem Hut, stärkeres Hutvelum, bitter; einige ungiftige Schüpplinge, z. B. der Erlen-Schüppling *(Pholiota alnicola),* können ebenfalls ähnlich sein.
Der Rauchblättrige Schwefelkopf, von dem nur die Hüte verwendet werden, gehört zu den schmackhaften, ergiebigen Speisepilzen. Sein im Frischzustand etwas aufdringlicher Geruch, der an eine Zahnarztpraxis erinnert, vergeht bei der Zubereitung. Die fehlenden gelbgrünen Töne auf den Lamellen unterscheiden ihn von seinen bitteren Verwandten. Bei der Bestimmung hilft zu Anfang eine kleine Geschmacksprobe, die nach Wahrnehmung des Bitterstoffes sofort wieder ausgespuckt wird.

Grünblättriger Schwefelkopf

giftig, bitter

Hypholoma fasciculare

Merkmale: Hut leuchtend gelb bis grüngelblich, Scheitel oft blaß fuchsrötlich, Oberfläche meist kahl, doch auch mit blassen Velumfasern, Rand oft mit häutigem Saum, 2–6 cm breit; Lamellen gelblich bis olivgrünlich, reif olivpurpurfarben, angewachsen; Stiel weißlich bis hellgelb, gelegentlich mit schwacher, faseriger Ringzone; Geschmack sehr bitter. **Vorkommen:** An abgestorbenem Laub- und Nadelholz, besonders an Stümpfen; büschelig; Saprophyt; Mai bis Dezember, bei milder Witterung auch im Winter; überall sehr häufig. **Ähnliche Arten:** Rauchgrauer Schwefelkopf (S. 122), mit mehr grauer Lamellenfarbe, Geschmack mild, eßbar; Ziegelroter Schwefelkopf (unten), kräftige, ziegelrötliche Art, ungenießbar, bitter.

Wegen seiner starken Bitterkeit wird der Grünblättrige Schwefelkopf sicher kaum verzehrt. Vor einigen Jahren hielt man ihn für lebensgefährlich giftig, da aus den Fruchtkörpern Zellgifte isoliert wurden, die bei Mäusen zu Lähmungen und Tod führten. Eine entsprechende Wirkung auf den Menschen ist bisher nicht nachgewiesen. Der Genuß des Pilzes soll bei uns Erbrechen und Durchfall auslösen. Gelegentlich sind die Pilze steril. Die leuchtend gelbe Grundfarbe der Lamellen tritt dann deutlich hervor.

Ziegelroter Schwefelkopf

giftig (?), bitter

Hypholoma sublateritium

Merkmale: Hut relativ fleischig, blaß oder kräftig ziegelrot, Rand oder ganzer Hut mit üppigen, faserigen Velumresten bedeckt, 4–10 cm breit; Lamellen graugelblich bis olivgrünlich, reif oliv-purpurbraun, angewachsen; Stiel durch das Velum olivgelblich überfasert, manchmal mit faseriger Ringzone, unterer Teil oft ziegelbräunlich; Geschmack mehr oder weniger bitter. **Vorkommen:** Büschelig auf Laubholzstümpfen, auf vergrabenem Holz, an Ästen; Saprophyt; (August) September bis November; überall häufig. **Ähnliche Arten:** Grünblättriger- (oben) und Rauchgrauer Schwefelkopf (S. 122), beide sind zierlicher und haben fast kahle Hüte; Safranroter Schüppling *(Pholiota astragalina)*, Lamellen ockergelb bis zimtbraun, Fleisch im Stiel schwärzend, wächst an Nadelholz, selten, ungenießbar, bitter.

Wenn der Ziegelrote Schwefelkopf blaß gefärbt ist, kann er immer noch an seinem üppigen Velum erkannt werden. In der älteren Literatur wird gelegentlich empfohlen, ihn abzukochen, um die Bitterstoffe zu entfernen. Nach eigener Erfahrung gelingt dies aber kaum. Es ist anzunehmen, daß er ähnliche Giftstoffe enthält, wie der Grünblättrige Schwefelkopf.

Sparriger Schüppling

eßbar (!)

Pholiota squarrosa

Merkmale: Hut stets trocken, strohgelb bis kräftig ocker, dicht mit dunkleren, sparrig abstehenden Schuppen besetzt, Rand zottig behangen, 4–10 cm breit; Lamellen rostgelblich, gedrängt stehend, angewachsen; Stiel wie der Hut mit abstehenden Schüppchen besetzt, mit hoch sitzender faserschuppiger Ringzone, die oberseits durch das Sporenpulver braun gefärbt ist; Fleisch gelblich, Geruch typisch aufdringlich würzig. **Vorkommen:** Am Fuße lebender Laub- und Nadelbäume, an fast allen Holzarten; büschelig am Stamm und im Wurzelbereich; Parasit und Saprophyt; September bis November; häufig in Mitteleuropa. **Ähnliche Arten:** Hallimasch (S. 108), Hut mit feineren, abwaschbaren Schüppchen, Stiel mit häutigem Ring; Goldfell-Schüppling *(P. aurivella),* Hut schmierig, mit anliegenden, dunkleren Schuppen, eßbar; Feuer-Schüppling *(P. flammans),* Hut oft kräftig orangegelb, kleinere Art, ungenießbar, bitter.

Der Sparrige Schüppling enthält zwar keine Giftstoffe, hat aber einen dumpfen, rettichartigen Geschmack und ist daher kein guter Speisepilz. Wer ihn essen möchte, sollte ihn vorher abkochen. In Gärten befällt er über Wundstellen lebende Obstbäume und ist deshalb, wie der Hallimasch, sehr gefürchtet. Wenn sich die ersten Fruchtkörper zeigen, ist der Baum kaum noch zu retten, bleibt aber meist noch viele Jahre am Leben.

Pappel-Schüppling

ungenießbar, bitter

Pholiota destruens (P. populnea)

Merkmale: Hut blaß bräunlich, mit hellerem, anliegendem Velumbelag, Rand zottig behangen, 4–15 cm breit; Lamellen lange blaß, dann rostbräunlich, angewachsen; Stiel kompakt, wollig-faserig; Fleisch weißlich bis blaß bräunlich, Geschmack bitter. **Vorkommen:** An lebenden und toten Pappelstämmen; gesellig wachsend; Parasit und Saprophyt; September bis November; in Deutschland mit zerstreutem Verbreitungsbild.

Der Pappel-Schüppling ist wegen seines kompakten Aussehens und der blassen Farben kaum zu verkennen. Wenn die Fruchtkörper hoch am lebenden Stamm erscheinen, können sie nur mit einem Fernglas erkannt werden. Von weitem können schon wegen des vergleichbaren Standortes folgende blaß gefärbte Pilzarten ähnlich aussehen: der an diversen Laubholzstämmen auftretende Eichen-Seitling *(Pleurotus dryinus)* und an Ulmen der Ulmen-Rasling *(Hypsizygus ulmarius).* Beide besitzen zwar Lamellen an der Hutunterseite, sind aber mit den Schüpplingen kaum verwandt. Der Pappel-Schüppling ist ein gefährlicher Parasit, der seinen Wirt innerhalb weniger Jahre umbringt. Er erscheint mit Vorliebe auf der Stirnseite frisch abgesägter Stämme.

Heide-Schleimfuß, Brotpilz

eßbar

Cortinarius mucosus

Merkmale: Hut goldgelb, rotbraun bis kastanienbraun, schmierig, 3–8 cm breit; Lamellen hell beige, dann rostbraun, angewachsen; Stiel schlank, Basis oft zugespitzt, von weißem bis grauweißlichem Schleim überzogen. **Vorkommen:** Im Kiefernwald; besonders auf Sandboden; Mykorrhizapilz; August bis Oktober; lokal häufig, so im Bayerischen Wald und in Brandenburg sowie Teilen Österreichs (Kärnten). **Ähnliche Arten:** Blaustiel-Schleimfuß (Mitte), Stiel mit bläulichem Schleim behaftet, Fichtenbegleiter, eßbar; Bitterster Schleimfuß *(C. vibratilis)*, kleine Art mit weißem Stiel, ungenießbar. Der Heide-Schleimfuß ist ein wohlschmeckender Mischpilz. Als Charakterpilz sandiger Kiefernwälder kann er leicht wiedererkannt und gesammelt werden. Er gehört zur Untergattung der Schleimfüße *(Myxacium)*, bei denen Hut und Stiel schleimig sind. Hier gibt es keine Giftpilze. Wohl aber in anderen Gruppen der Schleierlinge, bei denen entweder nur der Hut schleimig oder der gesamte Fruchtkörper trocken ist.

Blaustiel-Schleimfuß

eßbar

Cortinarius muscigenus (C. collinitus)

Merkmale: Hut oliv-, gelb- bis rotbraun, schleimig, 3–8 cm breit; Lamellen beige- bis rostbraun, angewachsen; Stiel schlank zylindrisch, Oberfläche von bläulichem Schleim bedeckt; Fleisch in Stielspitze leicht bläulich. **Vorkommen:** Im feuchten Nadelwald unter Fichten; Mykorrhizapilz; August bis Oktober; lokal häufig in Süddeutschland, Österreich und der Schweiz. **Ähnliche Arten:** Heide-Schleimfuß (oben), weißstielige Art des Kiefernwaldes, eßbar; Natternstieliger Schleimfuß (unten), Stiel braun, typisch genattert, ungenießbar; Runzeliggeriefter Schleimfuß *(C. integerrimus)*, Laubwaldpilz mit gerunzeltem Hutrand, eßbar.
Bei trockener Witterung reißt der Stielschleim oft im Zickzackmuster auf, wodurch der bräunliche Untergrund sichtbar wird.

Natternstieliger Schleimfuß

ungenießbar

Cortinarius trivialis

Merkmale: Hut olivgelb bis rotbraun, schleimig, 3–10 cm breit; Lamellen jung bläulich, reif rostbraun, angewachsen; Stiel wie der Hut gefärbt, Spitze oft hell abgesetzt, darunter durch schleimige Ringzonen genattert. **Vorkommen:** Im Laub- und Nadelwald; besonders im Gebirge; Mykorrhizapilz; August bis Oktober; nur lokal häufiger, sonst zerstreut. **Ähnliche Arten:** Blaustiel-Schleimfuß (Mitte), mit bläulich-schleimigem Stiel.
Der Natternstielige Schleimfuß ist sehr veränderlich und wird in mehrere Varietäten aufgeteilt. Wegen der hübschen Stielnatterung gehört er zu den schönsten Pilzgestalten. Er wird in der Literatur wider besseren Wissens meist als »ungenießbar« eingestuft. Von Eßversuchen sollte sicherheitshalber abgesehen werden.

Ziegelgelber Schleimkopf, Semmelbrauner Schleimkopf

eßbar

Cortinarius varius

Merkmale: Hut fleischig, semmelbräunlich bis fuchsbraun, je nach Witterung schleimig bis klebrig, 4–10 cm breit; Lamellen lange schön bläulich, dann rostbraun, angewachsen; Stiel keulenförmig, weiß, trocken, Spitze mit bräunlich gefärbter Cortinazone (Sporenauswurf); Fleisch durchgehend weiß. **Vorkommen:** Im Nadelwald unter Fichten; besonders auf Kalkböden in den Mittelgebirgen; Mykorrhizapilz; Juli bis Oktober; lokal häufig, besonders Süddeutschland, Österreich (Tirol) und Schweiz.

Der Ziegelgelbe Schleimkopf gehört zu einer großen Gruppe von Schleierlingen, bei denen nur der Hut schleimig ist (Untergattung *Phlegmacium*). Die häufige Art ist an ihren blauen Lamellen und dem weißen, keuligen Stiel gut zu erkennen, obwohl sie viele ähnliche Verwandte hat. Der Sammler hüte sich besonders vor gelbfleischigen Schleimköpfen. Einige davon sind stark giftig.

Anis-Klumpfuß

eßbar

Cortinarius odorifer

Merkmale: Hut rosagelblich bis kupferbräunlich, feucht sehr schleimig, 4–10 cm breit; Lamellen zuerst gelb, dann olivbräunlich, angewachsen; Stiel trocken, mit abgesetzt-gerandeter Knolle, meist mit üppigen, fädigen Velumresten; Fleisch blaß gelblich, mit auffallendem, künstlich anmutendem Anisgeruch! **Vorkommen:** Im Fichtenwald; besonders auf Kalkboden im Gebirge; Mykorrhizapilz; September bis Oktober; lokal häufig im deutschen Voralpengebiet, Österreich, Schweiz. **Ähnliche Arten:** Kupferroter Klumpfuß (*C. orichalceus*), seltene kalkbodenbewohnende Art ohne Anisgeruch, Eßbarkeit unbekannt.

Der Anis-Klumpfuß ist an seinem aufdringlichem Anisgeruch zu erkennen.

Lila Dickfuß, Safranfleischiger Dickfuß

giftig

Cortinarius traganus

Merkmale: Hut fleischig, violett, seidig, trocken (Untergattung *Sericeocybe*), 4–10 cm breit; Lamellen erst ocker, dann rostbraun, angewachsen; Stiel nie schleimig, keulig, violett, von weißlich-violettem Velum üppig überzogen; Fleisch safranfarben (Name!), Geruch unangenehm süßlich-karbidartig oder nach Acetylengas. **Vorkommen:** Im Fichtenwald; besonders auf sauren Böden im Gebirge; Mykorrhizapilz; August bis Oktober; häufig in Süddeutschland, Österreich und der Schweiz. **Ähnliche Arten:** Bocks-Dickfuß (*C. camphoratus*), mit violettem Fleisch, Geruch erinnert an Bocksgestank, ungenießbar; vgl. auch den eßbaren Violetten Rötelritterling (S. 92), der violette Lamellen besitzt.

Der Genuß des Lila-Dickfußes erzeugt Übelkeit und Erbrechen. Selten findet man Exemplare mit angenehm fruchtartigem Geruch. Es handelt sich um die var. *finitimus*. Sie ist ebenfalls giftig.

Spitzbuckliger Rauhkopf

tödlich giftig

Cortinarius rubellus (C. speciosissimus)

Merkmale: Hut dünnfleischig, stumpf bis spitz gebuckelt, orangebräunlich, fein filzig-faserig, 3–8 cm breit; Lamellen zimtorange, entfernt stehend, angewachsen; Stiel schlank keulig, oft mit mehreren goldgelben Velumgürteln, trocken; Fleisch orangegelblich bis safranfarben, mit rettichartigem Geruch und mildem Geschmack. **Vorkommen:** Im Nadelwald, besonders unter Fichten oder in Fichten-Kiefern-Mischwäldern; liebt saure, feuchte Böden; Mykorrhizapilz; August bis Oktober; in Süddeutschland (vor allem Schwarzwald), Österreich und der Schweiz nicht selten. **Ähnliche Arten:** Rhabarberfüßiger Rauhkopf *(C. callisteus)*, mit ölig-brenzlichem »Lokomotivengeruch«, seltene Art; Zitronengelber Rauhkopf *(C.limonius)*; beide wachsen ebenfalls im Nadelwald und sind giftverdächtig; Orangefuchsiger Schleierling *(C. orellanus)*, Stiel gelblich, nicht gegürtelt, seltener Laubwaldbewohner auf Kalkböden, tödlich giftig.

Der Spitzbucklige Rauhkopf enthält die gleichen Giftstoffe wie der Orangefuchsige Schleierling (Orellanine). Diese führen nach langer Latenzzeit durch Nierenzerstörung nicht selten zum Tode (vgl. Einführung, Abschnitt Giftpilze). Alle hier erwähnten Schleierlinge gehören zur Untergattung *Leprocybe*. Nicht alle Arten dieser Gruppe sind giftig, doch ist bei den gelb- bis fuchsrötlich gefärbten größte Vorsicht angebracht.

Geschmückter Gürtelfuß

eßbar

Cortinarius armillatus

Merkmale: Hut lange kegelig-gebuckelt bleibend, dann ausbreitend, orangebräunlich, Huthaut matt bis feinfilzig, trocken, 5–12 cm breit; Lamellen zimtbräunlich, angewachsen; Stiel schlank keulenförmig, mit auffallenden rötlichen Velumgürteln. **Vorkommen:** Stets unter Birken; an feuchten, moosigen Stellen; gesellig wachsend; Mykorrhizapilz; Juli bis Oktober; in manchen Jahren lokal häufiger, zerstreutes Verbreitungsbild in Mittel- und Nordeuropa.

Der Geschmückte Gürtelfuß ist ein Speisepilz, der lediglich für Mischgerichte geeignet ist. Durch seine auffallend roten Gürtel am Stiel ist er gut kenntlich und kaum mit giftigen Arten zu verwechseln. Er teilt seinen Standort oft mit der Heide-Rotkappe. Von weitem, wenn nur der rötliche Hut zu sehen ist, kann er dafür gehalten werden. Ein Blick auf Stiel und Lamellen klärt den Irrtum schnell auf.

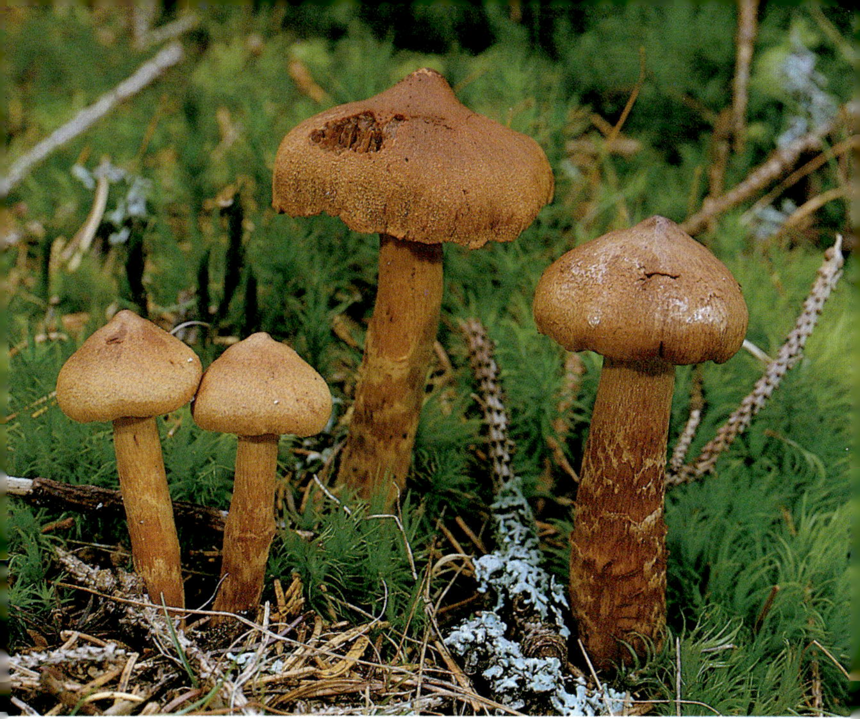
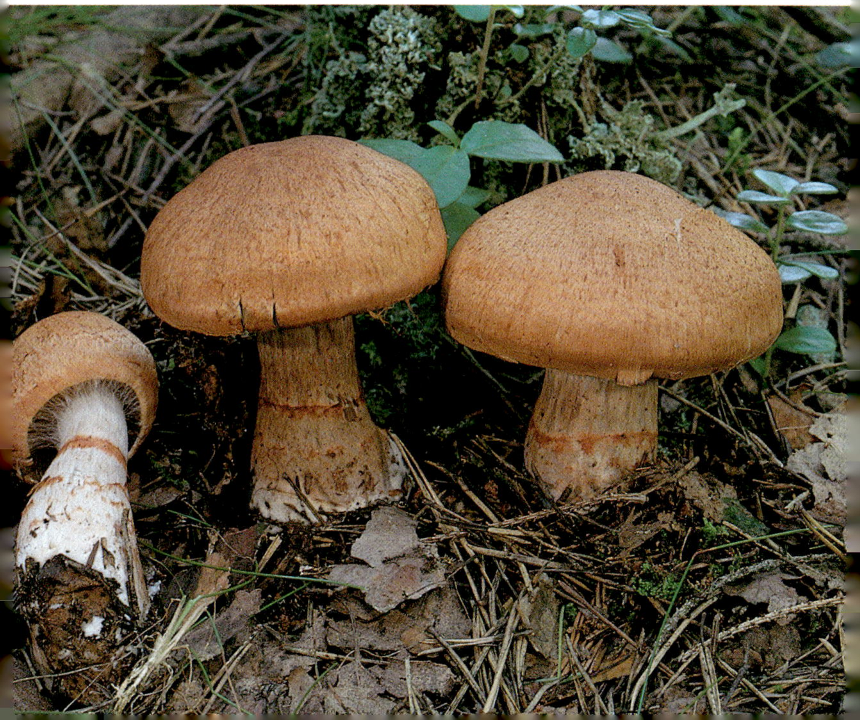

Blutblättriger Hautkopf

Dermocybe semisanguinea

ungenießbar
oben

Merkmale: Hut dünnfleischig, olivocker bis zimtbräunlich, Oberfläche matt bis feinschorfig, 2–6 cm breit; Lamellen dunkel blutrot, angewachsen; Stiel dünn, englumig hohl, mit gelber Grundfarbe, faserig, Basis oft mit lachsrötlichem Filz; Fleisch gelblich, mit rettichartigem Geruch und mildem Geschmack. **Vorkommen:** Im Nadelwald unter Kiefern und Fichten; besonders auf Sandboden; Mykorrhizapilz (?); August bis Oktober; lokal häufig. **Ähnliche Arten:** <u>Zimtbrauner Hautkopf</u> *(D. cinnamomea)*, mit orange gefärbten Lamellen; <u>Rotbeschleierter Hautkopf</u> *(D. phoenicea)*, Hut etwas rötlicher, Lamellen blutrot, Stiel auf gelbem Grund mit leuchtend roten Velumfasern.

Alle Hautköpfe sind zumindest als »ungenießbar« einzustufen. Einige von ihnen sind sogar giftverdächtig. Die Gattung, die von einigen Autoren mit den Schleierlingen *(Cortinarius)* vereint wird, ist durch die chemisch interessanten Farbstoffe (Anthrachinone) gekennzeichnet. Dem Pilzfreund fallen sie durch die leuchtend rot, orange oder gelb gefärbten Fruchtkörperteile auf. Oft sind es die Lamellen, in denen sich die Farbstoffe konzentrieren. Der häufige Blutblättrige Hautkopf ist wegen seiner blutroten Lamellen unverkennbar.

Ziegelroter Rißpilz

Inocybe erubescens (I. patouillardii)

giftig
Mitte und unten

Merkmale: Hut kegelig-gebuckelt bis abgerundet, radialfaserig, oft vom Rande her einreißend, im geschlossen Zustand nahezu weiß, bald blaß bräunlich, schließlich ziegelrot anlaufend, 3–8 cm breit; Lamellen erst weißlich, dann olivbräunlich, rötend, angewachsen; Stiel schlank, schwach überfasert; Geruch jung obstartig, bald aber unangenehm spiritusartig bis spermatisch. **Vorkommen:** Im Laub- und Nadelwald, Wegränder, Parks, Gärten; kalkliebend, doch nicht nur auf Kalkböden; Saprophyt; Mai bis Anfang Juli; überall, aber nirgends häufig in Mitteleuropa. **Ähnliche Arten:** <u>Kegeliger Rißpilz</u> *(I. rimosa)*, Hut oft spitzkegelig, im Alter nicht rötend, giftig; <u>Gefleckter Rißpilz</u> *(I. maculata)*, Hut durch grauweißliche Velumreste gefleckt, schwach giftig. Beide wachsen zu späterer Jahreszeit. Vorsicht beim Sammeln des Maipilzes (S. 96)!

Wie die meisten der sehr artenreichen Gattung enthält auch der Ziegelrote Rißpilz das Nervengift Muskarin, und zwar in ziemlich starker Konzentration. Durch den Genuß sind deshalb schon Todesfälle vorgekommen. Da der Pilz in einer frühen, pilzarmen Zeit wächst, wurde er von ungeübten Sammlern mit Maipilzen und Champignons verwechselt. Die typische Rötung des Ziegelroten Rißpilzes tritt besonders bei trockener Witterung auf, ist aber manchmal nur schwach ausgeprägt.

Rettich-Fälbling

Hebeloma sinapizans

schwach giftig

Merkmale: Hut milchkaffeefarben bis blaß kakaobraun, bei feuchtem Wetter schmierig, 5–12 cm breit; Lamellen jung blaß fleischocker, bei Reife lehmbraun, angewachsen; Stiel meist durch blasse, aufreißende Faserschüppchen genattert, hohl, im Längsschnitt mit kegelförmigem Zapfen, der vom Hut in den Stiel senkrecht hineinragt; Geruch deutlich nach Rettich, Geschmack bitter. **Vorkommen:** In Laub- und Mischwäldern, besonders unter Buchen; liebt Kalk- und Tonböden; Mykorrhizapilz (?); August bis Oktober; lokal häufig, meist zerstreut in Mitteleuropa. **Ähnliche Arten:** Tonblasser Fälbling *(H. crustuliniforme)*, Pilz in allen Teilen heller gefärbt, Lamellen sondern braun eintrocknende Tröpfchen ab, ungenießbar; Großer Kakao-Fälbling *(H. senescens)*, mit deutlichem Kakaogeruch, Stiel leicht wurzelnd, ungenießbar.

Der Rettich-Fälbling erzeugt Verdauungsstörungen. Er ist einer der größten und am leichtesten kenntlichen Arten der umfangreichen Gattung. Fast alle Fälblinge sind relativ blaß gefärbt (Name!), zeichnen sich durch schmierige Hüte aus und sind wegen ihres mehr oder weniger bitteren Geschmacks ungenießbar. Auffallende Gerüche wie Rettich, Kakao, Frucht- oder Marzipangeruch sind für die Gattung typisch.

Geflecktblättriger Flämmling, Faserigberingter Flämmling

Gymnopilus penetrans (G. hybridus)

ungenießbar

Merkmale: Hut leuchtend gelbbräunlich bis fuchsig, Oberfläche eingewachsen-faserig, trocken, 2–6 cm breit; Lamellen lebhaft gelb bis rostbräunlich, oft mit typischen Rostflecken, angewachsen; Stiel mit faseriger Ringzone oder nur längsfaserig; Fleisch gelb, Geschmack bitter. **Vorkommen:** An abgestorbenem Nadelholz, meist Kiefer oder Fichte, seltener auch an Laubholz; gesellig bis büschelig wachsend; Saprophyt; (Juli) August bis November; überall häufig. **Ähnliche Arten:** Tannen-Flämmling *(G. sapineus)*, Hut goldgelb, feinfilzig, an Fichten- und Tannenholz, ungenießbar.

Wie alle Arten der Gattung ist auch der Geflecktblättrige Flämmling wegen seiner Bitterkeit ungenießbar. Er ist der weitaus häufigste Vertreter dieser Gruppe. Wegen seines büscheligen Wachstums könnte er von unkundigen Sammlern mit Stockschwämmchen oder Rauchblättrigem Schwefelkopf verwechselt werden. Seine leuchtend goldgelben, rostfleckigen Lamellen sind ein sicheres Unterscheidungsmerkmal.

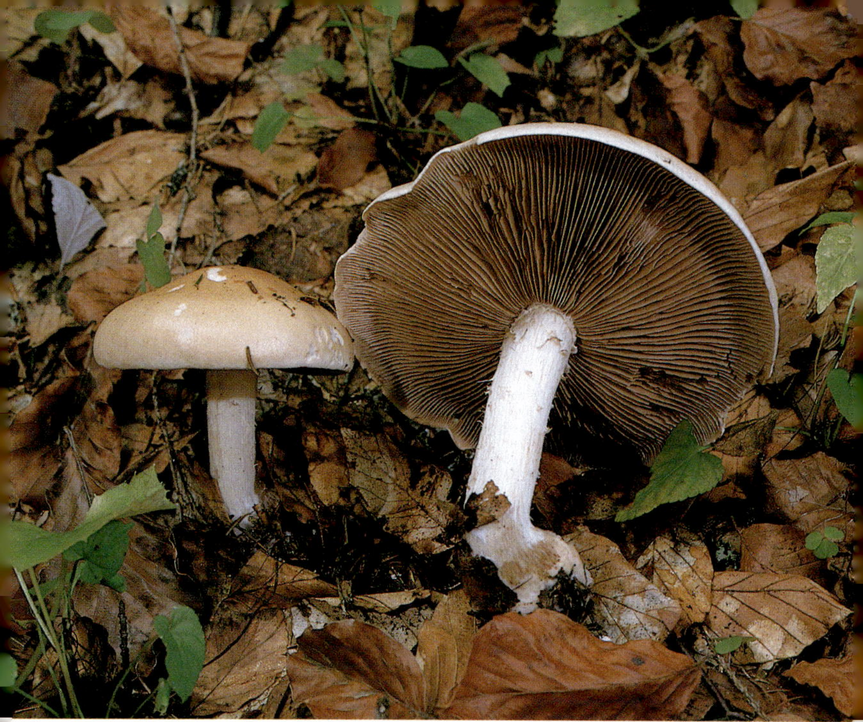

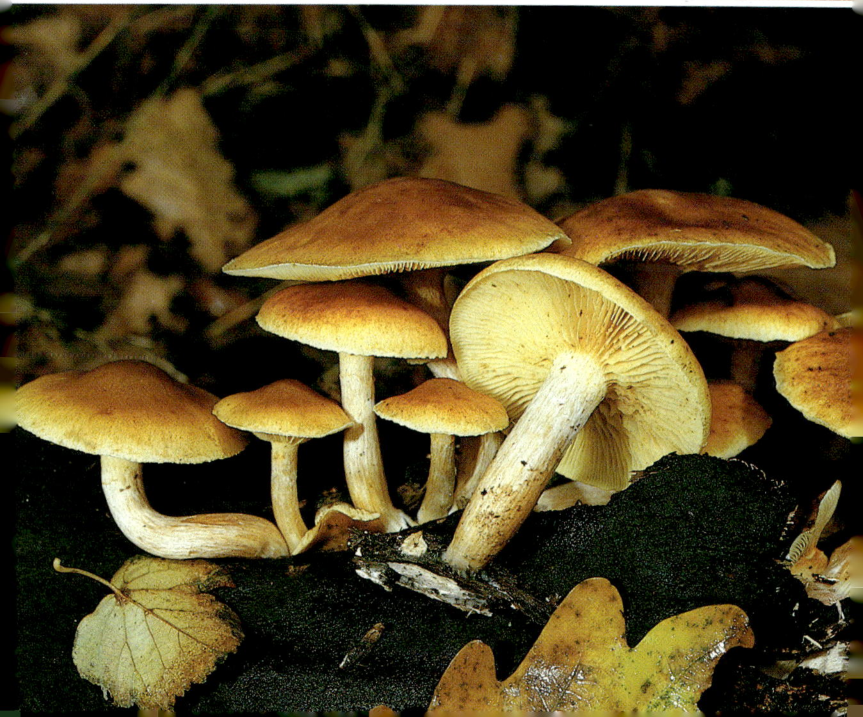

Nadelholz-Häubling

sehr giftig

Galerina marginata

Merkmale: Hut honig- bis umberbraun, hygrophan, beim Trocknen gelb-bräunlich ausblassend, Rand gelegentlich durchscheinend gerieft, 1–4 cm breit; Lamellen ocker- bis rostbräunlich, angewachsen; Stiel mit schmalem, häutigem Ring, unterhalb des Ringes blaß überfasert; Geruch (beim Zerreiben) und Geschmack etwas mehlartig. **Vorkommen:** An totem Nadelholz (Kiefer, Fichte), selten auch an Laubholz (Buche); einzeln, gesellig oder büschelig wachsend; Saprophyt; August bis Oktober; relativ häufig, besonders in Süddeutschland. **Ähnliche Arten:** Stockschwämmchen (S. 122), Hut etwas größer, Stielring kräftiger, darunter mit dunkleren Schüppchen besetzt, Geruch und Geschmack nicht mehlartig, wächst meist an Laubholz, eßbar; viele andere *Galerina*-Arten sind zarter, ringlos und wachsen am Boden zwischen Moosen.

Der Nadelholz-Häubling enthält Amanitine, also gleiche Giftstoffe wie der tödlich giftige Grüne Knollenblätterpilz. Dennoch wurde von schweren oder gar tödlichen Vergiftungen sehr selten berichtet. Wohl weil der Pilz am Standort kaum in großer Zahl auftritt und überhaupt nicht zum Verzehr einlädt. Wer Stockschwämmchen sammelt, sollte den Nadelholz-Häubling unbedingt kennen. Die abgebildeten Exemplare wuchsen an einem stark bemoosten Buchenstamm!

Reifpilz, Runzel-Schüppling, Zigeuner

eßbar, gut

Rozites caperatus

Merkmale: Hut strohgelblich bis hell beigebraun, jung mit typischem graulila gefärbtem Reif bedeckt, der sich in kleine Schüppchen auflöst, Oberfläche meist runzelig bis grubig, trocken, 6–12 cm breit; Lamellen blaß beige, dann rostocker, mit gekerbter Schneide, angewachsen; Stiel rissig-faserig, mit schmalem, dickfleischigem, oberseits geerieftem Ring. **Vorkommen:** In Nadel- und Mischwäldern, unter Kiefern und Fichten; auf sauren Böden zwischen Heidelbeeren; Mykorrhizapilz; August bis Oktober; häufig in Süddeutschland, Österreich und der Schweiz, in Norddeutschland zerstreut auftretend. **Ähnliche Arten:** Glimmer-Schüppling (*Phaeolepiota aurea*), Hut mit glimmerartigen, abwischbaren Körnchen besetzt, Stielring trichterartig aufsteigend, eßbar.

Der Reifpilz ist wegen seiner braunen, rauhen Sporen mit den Schleierlingen verwandt, von denen er sich durch den kompakten Stielring unterscheidet. Er ist der einzige europäische Vertreter seiner Gattung. Der Speisewert dieses schmackhaften Pilzes wird nur dadurch geschmälert, daß er schnell madig wird. In Gegenden mit hoher Cäsiumkontamination gehört er zu den radioaktiv höher belasteten Arten.

Frauen-Täubling

eßbar, gut

Russula cyanoxantha

Merkmale: Hut violettlich-rosa, grünlich-violett, lilagrau, seltener einfarbig violett oder grün, stellenweise cremefarben ausblassend, Huthaut feucht klebrig, 5–15 cm breit; Lamellen weiß, angewachsen, elastisch (!); Stiel zylindrisch, meist weiß; Fleisch brüchig (außer in den Lamellen), relativ fest, Geschmack mild. **Vorkommen:** Im Laub-, seltener Nadelwald, besonders bei Eichen; Mykorrhizapilz; Juli bis Oktober; häufig und in ganz Europa verbreitet. **Ähnliche Arten:** <u>Papagei-Täubling</u> *(R. ionochlora),* farblich sehr ähnlich, doch kleiner und brüchiger, eßbar; <u>Grüner Heringstäubling</u> *(R. elaeodes),* mit Heringsgeruch, eßbar; Grüngefelderter Täubling (unten), Hut einfarbig spangrün, Huthaut felderig aufbrechend, eßbar.

Trotz seiner farblichen Veränderlichkeit ist der Frauen-Täubling immer gut zu erkennen. Wer mit dem Finger kräftig über die Lamellen streicht, merkt, daß sie elastisch nachgeben. Bei allen anderen Täublingen würden sie splittern! Da sich der Sammler mit den mehr als hundert europäischen Täublingsarten kaum auskennen kann, ist hier generell eine kleine Kostprobe des rohen Fleisches gestattet. Die scharfen sind zu meiden, während die mild und angenehm schmeckenden zumindest im Mischgericht brauchbar sind. Täublinge fallen besonders durch ihre bunten Hutfarben auf. Sie gehören zusammen mit den Milchlingen wegen ihrer brüchigen, vorwiegend aus kugeligen Zellen aufgebauten Fruchtkörper der Familie der Sprödblättler (Russulaceae) an. Die genaue Bestimmung der einzelnen Arten ist schwierig und setzt viel Erfahrung voraus.

Grüngefelderter Täubling

eßbar, gut
RL 3

Russula virescens

Merkmale: Hut blaß spangrün, gelegentlich auch nur senfgelblich, Huthaut kleinfelderig aufbrechend, 6–12 cm breit; Lamellen weiß, angewachsen; Stiel weiß, am Grunde oft mit gelbbräunlichen Flecken; Geschmack mild. **Vorkommen:** In Laub- und Nadelwäldern, unter Eichen, Buchen, Birken und Tannen; Mykorrhizapilz; Juli bis September; relativ häufig in Mitteleuropa, wird anscheinend allgemein seltener. **Ähnliche Arten:** Frauen-Täubling (oben), vor allem in der blaugrünen, gefelderten Variante <u>(var. *cutefracta*),</u> eßbar; <u>Grüner Birkentäubling</u> *(R. aeruginea),* Hut grün bis grüngelblich, ungefeldert, mildschmeckender Birkenbegleiter, in geringer Menge im Mischgericht eßbar.

Der Grüngefelderte Täubling besitzt trockenes, festes, neutral schmeckendes Fleisch und gehört zu den schmackhaftesten Speisetäublingen.

Brauner Ledertäubling

eßbar

Russula integra

Merkmale: Hut einfarbig gelb- bis schokoladenbraun oder in Mischtönen mit Purpur-, Violett- oder Blutrot, stellenweise olivgelblich ausblassend, Huthaut feucht klebrig, oft kleinhöckerig-uneben, 6–12 cm breit; Lamellen reif blaß ocker bis lederfarben, angewachsen; Stiel weiß, seltener schwach rosa überhaucht, Oberfläche runzelig-geadert; Geschmack mild. **Vorkommen:** Im Nadelwald, unter Fichten, Tannen und Kiefern; besonders im Gebirge; Mykorrhizapilz; Juni bis Oktober; lokal häufig, verbreitet vor allem in Mittel- bis Süddeutschland, Österreich (Kärnten und Tirol) und der Nordschweiz. **Ähnliche Arten:** Lederstiel-Täubling *(R. viscida)*, Hut dunkel purpurbraun, Stiel ledergelblich, Bewohner des Kalkbuchenwaldes, Geschmack nur in den Lamellen vorübergehend scharf, eßbar; Rotstieliger Ledertäubling (unten), Hut sehr variabel, Stiel meist violettrötlich überfärbt, eßbar; Zedernholz-Täubling *(R. badia)*, Hut meist dunkel braunrot, Lamellen am Stiel deutlich ausgebuchtet, Geruch im Stielfleisch nach Zedernholz, Geschmack nach einigen Sekunden sehr scharf, ungenießbar.

Der Braune Ledertäubling ist ein typischer Vertreter der sog. »Ledertäublinge«. Der namengebende ledergelbliche Farbton der reifen Lamellen wird durch das sattocker gefärbte Sporenpulver hervorgerufen. Die großhütigen Ledertäublinge schmecken mild und sind eßbar.

Rotstieliger Ledertäubling

eßbar, gut

Russula olivacea

Merkmale: Hut olivgelb, lilagrau, wein- bis purpurbraun, oft mit hellen Fleckchen oder typisch konzentrisch-welliger Musterung, 10–20 cm breit; Lamellen buttergelb bis lederocker, angewachsen; Stiel weißlich bis karminrosa; Fleisch fest, mild. **Vorkommen:** Im Laub- und Nadelwald, besonders unter Buchen oder Fichten; bevorzugt Kalkböden; Mykorrhizapilz; Juli bis Oktober; lokal häufig, besonders in Gebirgslagen Süddeutschlands, Nordschweiz. **Ähnliche Arten:** Brauner Ledertäubling (oben), Hut mit dominierenden Brauntönen, Stiel weiß, eßbar; Weißstieliger Ledertäubling *(R. romellii)*, Hutfarbe sehr variabel, Stiel meist reinweiß, eßbar.

Der Rotstielige Ledertäubling ist trotz seiner veränderlichen Hutfarben mit einiger Übung leicht kenntlich. Er gehört wegen seines festen, wohlschmeckenden Fleisches zu den von Kennern bevorzugten Speisepilzen.

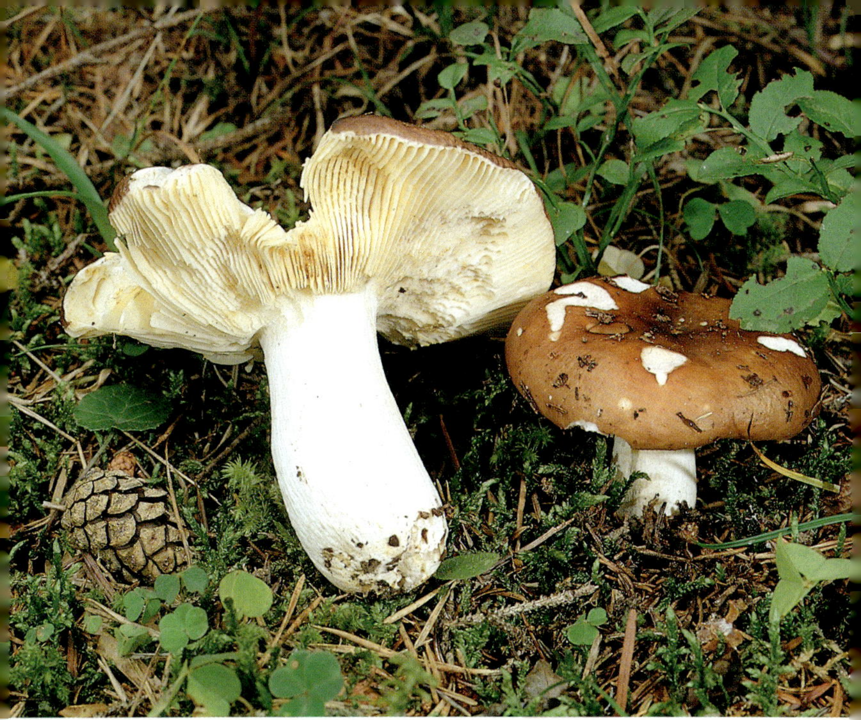
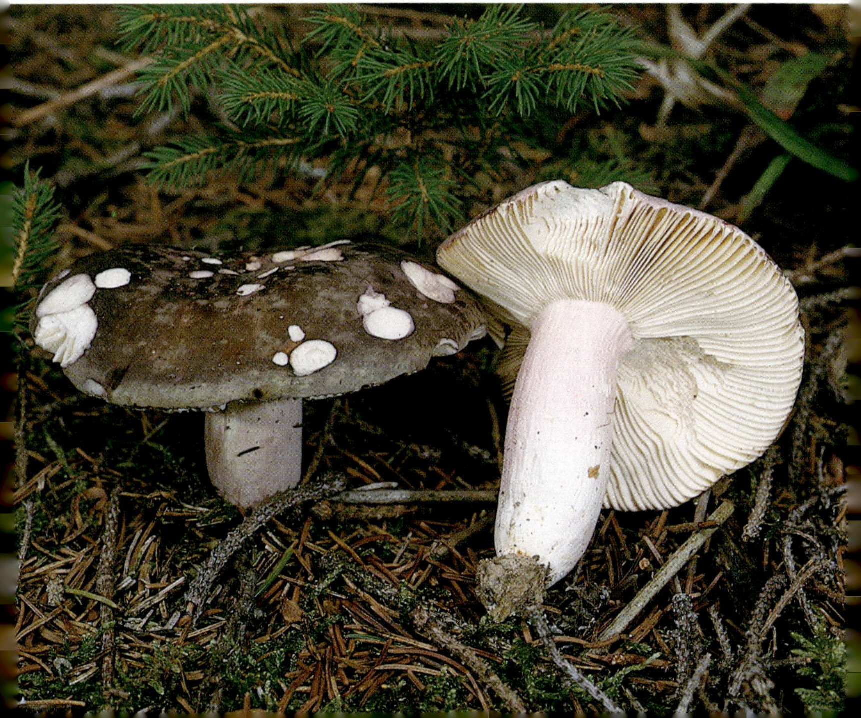

Apfel-Täubling

eßbar

Russula paludosa

Merkmale: Hut kaum dickfleischig, hell bis dunkel blutrot, gelegentlich ziegelorange ausblassend, Mitte oft gebuckelt, Huthaut kahl und glänzend, bei feuchtem Wetter lange schmierig, 6–12 cm breit; Lamellen bisweilen schwach herablaufend, lange weiß, dann buttergelb; Stiel weiß, oft stellenweise zart rosa überhaucht, innen im Alter schwach angegraut (erinnert an die Graustieltäublinge); Fleisch nicht sehr hart, im Stiel bald schwammig, Geschmack mild. **Vorkommen:** In feuchten Nadelwäldern, unter Kiefern und Fichten; liebt moosige Standorte und saure Moorböden; Mykorrhizapilz; Juni bis Oktober; lokal häufig, in Mittel- und Nordeuropa gleichmäßig verbreitet. **Ähnliche Arten:** Orangeroter Graustieltäubling (unten), Hut orange, Fleisch bald deutlich grau verfärbend, eßbar; Ziegelroter Täubling *(R. velenovskyi)*, kleinere Art mit ziegel- bis hellrotem, gerunzeltem Hut, Birkenbegleiter, eßbar; Zedernholz-Täubling *(R. badia)*, Hut braunrot, Zedernholzgeruch, Geschmack scharf, ungenießbar; Kiefern-Speitäubling *(R. emetica* var. *silvestris)*, mit leuchtend blutrotem Hut und reinweißen Lamellen, feiner Obstgeruch, Geschmack sehr scharf, ungenießbar.
Der Apfel-Täubling gehört zu den Charakterpilzen des sandigen, moosreichen Kiefernwaldes. In Brandenburg, Teilen Norddeutschlands und Skandinaviens ist er in bestimmten Jahren Massenpilz. Er ist für Mischgerichte geeignet.

Orangeroter Graustieltäubling

eßbar

Russula decolorans

Merkmale: Hut jung schwach gebuckelt, blaß orange bis ziegelrot oder orangegelblich, Huthaut kahl und glatt, nur leicht schmierig, 4–10 cm breit; Lamellen bald buttergelblich, angewachsen; Stiel runzelig, jung weiß, bald deutlich grau werdend (Name!), im Alter grauschwärzlich; Fleisch weiß, grauend bis schwärzend, bald schwammig, Geschmack mild. **Vorkommen:** Im Nadelwald, besonders flechtenreiche Kiefernwälder (Charakterpilz); auf sauren Böden; Mykorrhizapilz; Juli bis Oktober; zerstreut bis häufig, in Mittel- und Nordeuropa gleichmäßig verbreitet. **Ähnliche Arten:** Apfel-Täubling (oben), größere mehr apfelrot gefärbte Art, Fleisch kaum grauend, eßbar; Ziegelroter Täubling *(R. velenovskyi)*, Fleisch nicht grau verfärbend, Birkenbegleiter, eßbar.
Die Graustieltäublinge stellen durch ihr grauendes Fleisch eine kleine, charakteristische Gruppe innerhalb der Täublinge dar. Einige sind chromgelb oder weinrot gefärbt.

Rauchbrauner Schwärztäubling

Russula adusta

eßbar

Merkmale: Hut jung weiß, bald oliv- bis sepiabraun, Rand meist heller bleibend, Huthaut feucht schmierig, 5–15 cm breit; Lamellen schmutzig weißlich, gedrängt stehend, angewachsen; Stiel weiß, im Alter graubraun; Fleisch im Schnitt erst schwach rötend, dann graubraun verfärbend, Geruch unbedeutend, erst im Alter süßlich-moderig (nach altem Weinfaß), Geschmack in allen Teilen mild. **Vorkommen:** Im Kiefernwald; auf Sandboden; Mykorrhizapilz; Juli bis November; zerstreut in Mitteleuropa. **Ähnliche Arten:** Scharfblättriger Schwärztäubling *(R. acrifolia)*, sehr ähnlich, schmeckt nur in den Lamellen deutlich scharf, Bewohner des Laub- und Nadelwaldes auf nährstoffreicheren Böden, eßbar; Dickblättriger Schwärztäubling *(R. nigricans)*, Lamellen dicklich, entfernt, Geschmack in den Lamellen scharf, sonst mild, wächst besonders unter Eichen und Buchen, eßbar.

Der Rauchbraune Schwärztäubling ist ein Speisepilz minderer Qualität. Seine oben erwähnten ähnlichen Verwandten sind an der Grenze der Ungenießbarkeit. Sie alle färben sich an Verletzungen zuerst mehr oder weniger deutlich rötlich, andere schwärzen direkt. Schwärztäublinge sind oft noch im nächsten Frühjahr als »verkohlte Pilzleichen« im Wald zu finden, da sie langsam faulen. Im Herbst werden sie gelegentlich von kleineren Lamellenpilzen, den Zwitterlingen *(Nyctalis)*, besiedelt.

Gewöhnlicher Weißtäubling

Russula delica

eßbar

Merkmale: Hut weißlich bis hell ocker, Oberfläche glanzlos und trocken, Mitte vertieft und oft mit Erdpartikeln bedeckt, 8–15 cm breit; Lamellen weiß, mäßig bis sehr entfernt stehend, oft wasserklare Tröpfchen ausschwitzend, angewachsen; Stiel weiß, Spitze gelegentlich schwach blaugrünlich; Fleisch weiß, kompakt und fest, Geruch typisch (»*delica*-Geruch«), nicht angenehm, Geschmack mild, bei längerem Kauen schärflich. **Vorkommen:** Im Laub- und Nadelwald; gerne, doch nicht nur auf Kalkböden; Mykorrhizapilz; Juli bis Oktober; relativ häufig, in ganz Europa verbreitet. **Ähnliche Arten:** Schmalblättriger Weißtäubling *(R. chloroides)*, mit schmaleren, blaugrünlich angehauchten, enger stehenden Lamellen, eßbar; Wolliger Milchling (S. 156), Lamellen und Fleisch an Verletzungen weiße Milch absondernd, ungenießbar.

Der Gewöhnliche Weißtäubling ist kein guter Speisepilz. In Osteuropa wird er auf Speck gebraten oder eingesalzen. Da er beim Wachsen Erde oder Humus mit hochschiebt, wird er im Volksmund als »Erdschieber« bezeichnet (vgl. Wolliger Milchling, S. 156).

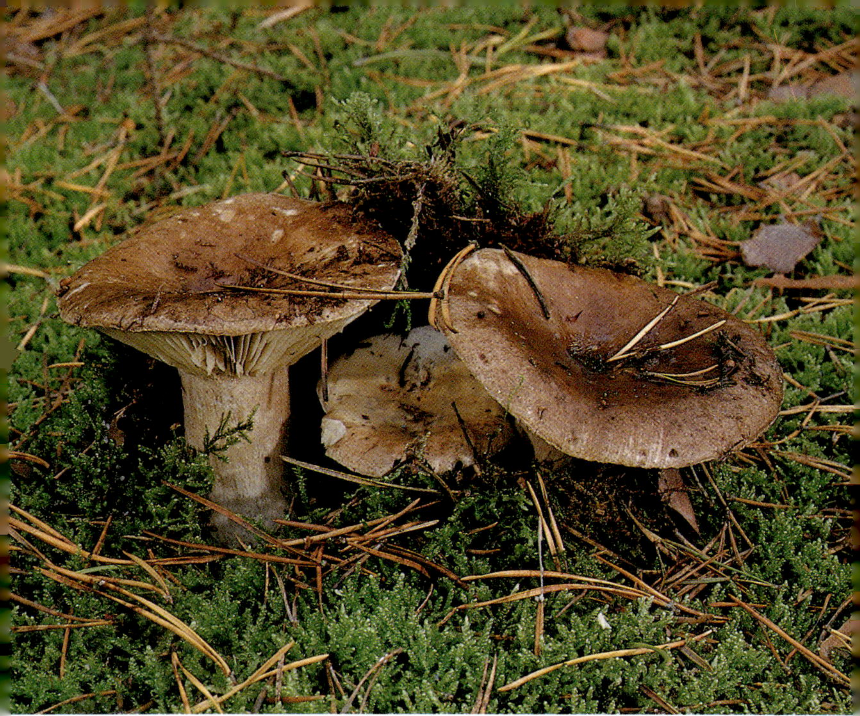
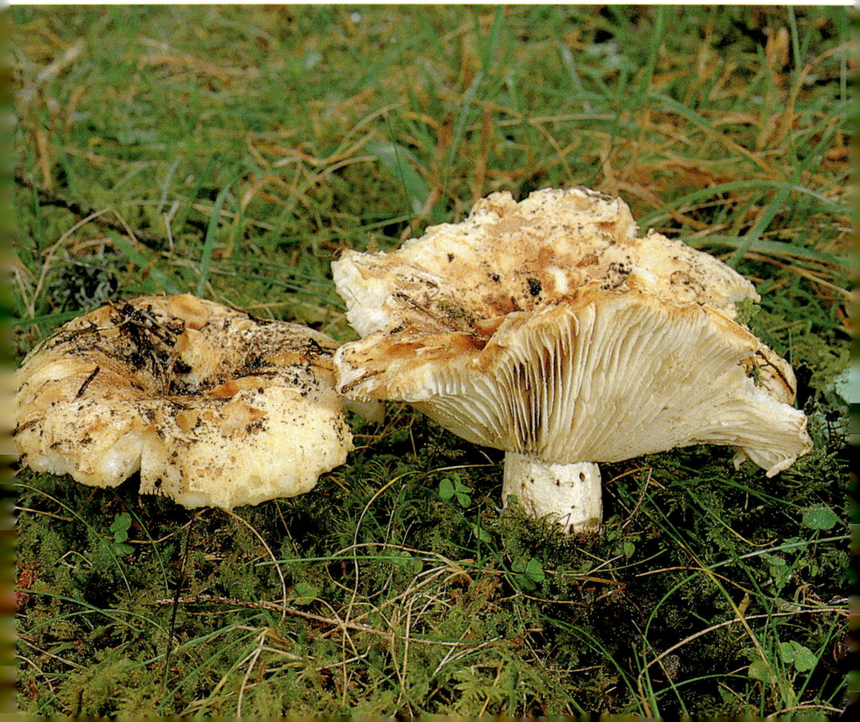

Speise-Täubling

eßbar, gut

Russula vesca

Merkmale: Hut blaß bis kräftig fleischrötlich, Huthaut den Rand nicht ganz erreichend, leicht klebrig, 4–10 cm breit; Lamellen weiß, angewachsen; Stiel weiß, Basis zuspitzend; Fleisch fest, mit mildem Geschmack. **Vorkommen:** Im Laub- und Nadelwald, besonders unter Eichen; Mykorrhizapilz; Juni bis Oktober; überall häufig. **Ähnliche Arten:** Speitäublinge (Mitte), Hut leuchtend rot, schwacher Obstgeruch, sehr scharfer Geschmack, ungenießbar; rothütige Heringstäublinge (S. 150), mit Heringsgeruch, Geschmack mild, eßbar.

Der Speise-Täubling gehört zu den wohlschmeckendsten Täublingen. An der etwa 1–2 mm vom Hutrand zurückstehenden Huthaut kann er vom Sammler gut erkannt werden.

Kirschroter Speitäubling

ungenießbar

Russula emetica

Merkmale: Hut leuchtend hell oder dunkel blutrot, stellenweise ocker ausblassend, Rand kurz gerieft, Huthaut glänzend, feucht schmierig, 3–8(10) cm breit; Lamellen rein weiß, angewachsen, Schneide fein schartig; Geruch schwach obstartig, Geschmack sehr scharf. **Vorkommen:** Im Nadelwald unter Fichten und Kiefern; Mykorrhizapilz; Juli bis Oktober; überall relativ häufig. **Ähnliche Arten:** Z. B. Buchen-Speitäubling *(R. mairei)*, Buchenbegleiter, Geschmack scharf, ungenießbar; Speise-Täubling (oben), eßbar.

Alle rothütigen Speitäublinge haben einen sehr scharfen Geschmack und erzeugen roh genossen Übelkeit und Erbrechen. Nach längerem Wässern und Abkochen scheinen die scharfen Harze ihre Wirkung zu verlieren. Der Kirschrote Speitäubling wird in mehrere schwer unterscheidbare Varietäten aufgeteilt: var. *silvestris* wächst in trockenen Laub- und Nadelwäldern, die blaßhütige var. *betularum* ist ein kleinerer Birkenbegleiter auf Moorböden.

Zinnober-Täubling

eßbar (!)

Russula rosea (R. rosacea, R. lepida)

Merkmale: Hut rosa bis leuchtend zinnoberrot, bisweilen weißgelblich verblassend, glanzlos, Huthaut läßt sich kaum vom Fleisch trennen, 5–10 cm breit; Lamellen bei Reife buttergelb, mit rötlicher Schneide, angewachsen; Stiel meist unvollständig rosa; Fleisch sehr hart, Geschmack nicht scharf, aber bitterlich. **Vorkommen:** In Laub- und Mischwäldern, besonders bei Buchen; bevorzugt Kalkböden; Mykorrhizapilz; Juli bis Oktober; gegendweise häufig, in Norddeutschland seltener. **Ähnliche Arten:** Flammenstiel-Täubling *(R. rhodopoda)*, Hut glänzend, schmierig, Fichtenbegleiter im Gebirgswald, Geschmack scharf, ungenießbar.

Der Zinnober-Täubling bedarf einer besonderen Zubereitung. Nach mehrstündigem Wässern und Überbrühen kann er zum Einlegen in Essig verwendet werden.

Roter Heringstäubling

eßbar

Russula xerampelina

Merkmale: Hut leuchtend purpurrot, weinrot, Mitte oft dunkler, feucht schmierig, 5–10 cm breit; Lamellen buttergelblich, angewachsen; Stiel stellenweise rötlich; Fleisch weiß, neigt zum Bräunen (Stielbasis reiben!), Geruch im Alter oder beim Trocknen nach Heringslake, Geschmack mild.
Vorkommen: Im Nadelwald, unter Kiefern und Fichten; Mykorrhizapilz; Juli bis Oktober; lokal häufig, besonders Süddeutschland, Österreich, Schweiz.
Ähnliche Arten: Z. B. Zedernholz-Täubling *(R. badia)*, mit schwachem Zedernholzgeruch, Geschmack scharf, ungenießbar.
Zur Gruppe der Heringstäublinge gehören sehr unterschiedlich gefärbte Arten. Im Laubwald wachsen olivgrüne *(R. elaeodes)* sowie rosa, braune und weinbraune Formen *(R. graveolens, R. faginea)* mit weißem Stiel. Sie alle sind eßbar. Der typische Fischgeruch entwickelt sich oft erst, wenn die Pilze einige Zeit im Korb liegen. Bei der Zubereitung geht er verloren.

Zitronenblättriger Täubling

ungenießbar

Russula sardonia

Merkmale: Hut oft gebuckelt, violettrötlich, weinbräunlich oder schwärzlich-purpurfarben, sehr variabel, Huthaut klebrig, 4–8 cm breit; Lamellen zitronengelblich, angewachsen; Stiel auf weißem Grund rosa-lila überzogen (daher auch der Volksname »Säufernase«); Geschmack scharf. **Vorkommen:** Im Kiefernwald; auf Sandböden; Mykorrhizapilz; September bis November; lokal häufig, besonders Bayerischer Wald, Brandenburg, sonst zerstreut.
Ähnliche Arten: Stachelbeer-Täubling *(R. queletii)*, Lamellen weißlich, Geruch nach Stachelbeerkompott, Fichtenbegleiter, Geschmack scharf, ungenießbar; Jodoform-Täubling *(R. turci)*, im Stiel mit Jodoformgeruch, mild schmeckender Kiefernbegleiter, eßbar.
Der Zitronenblättrige Täubling ist ein spät erscheinender Charakterpilz sandiger Kiefernwälder des Flachlandes.

Gallen-Täubling

ungenießbar

Russula fellea

Merkmale: Hut strohgelb bis ocker, bei Regen schmierig, schnell abtrocknend, Rand meist deutlich gerieft, 3–8 cm breit; Lamellen blaß ocker (nie rein weiß), angewachsen; Stiel schmutzig weißlich bis blaß ocker; Geruch typisch süßsäuerlich, an Senfsoße erinnernd, Geschmack scharf. **Vorkommen:** Im Laub- und Mischwald, unter Buchen; Mykorrhizapilz; August bis Oktober (November); überall häufig. **Ähnliche Arten:** Ocker-Täubling *(R. ochroleuca)*, sehr häufiger, geruchloser Laub- und Nadelwaldbewohner mit weißlichen Lamellen, Geschmack mild bis schärflich, eßbar in geringer Menge.
Der Gallen-Täubling kann überall dort wachsen, wo Rotbuchen stehen. Er stellt keine besonderen Ansprüche an den Boden.

Echter Reizker, Kiefern-Blutreizker

Lactarius deliciosus

Merkmale: Hut orange, lachs- bis ziegelrot, mit dunkleren, konzentrischen Zonen, an Verletzungen grünend, feucht schleimig, 4–10(15) cm breit; Lamellen orange, eng stehend, oft schwach herablaufend; Stiel wie der Hut gefärbt, meistens mit grubigen, dunkleren Flecken, schnell hohl werdend; Fleisch relativ starr und fest, mit karottenroter sich kaum verfärbender Milch, Geschmack mild bis bitterlich. **Vorkommen:** Unter Kiefern; auf Sand- und Kalkböden; Mykorrhizapilz; (Juli) August bis Oktober; zerstreut in Mitteleuropa. **Ähnliche Arten:** Fichten-Blutreizker (unten), häufiger Fichtenbegleiter, eßbar aber minderwertig; Grünender Kiefernreizker (*L. semisanguifluus*), Hut stärker grünend, lachsfarbene Milch an der Luft bald weinrot, sehr festfleischig, auf Kalkböden unter Kiefern, eßbar; Blut-Reizker (*L. sanguifluus*), Milch von Beginn an weinrot, wärmeliebende Art, Kiefernbegleiter, eßbar, gut.

Der Echte Reizker ist ein typischer Vertreter der rotmilchenden »Blutreizker«. Im Rohzustand kann ein bitterlicher Geschmack auftreten, der beim Erhitzen verschwindet. Die beste Zubereitungsart ist das Ausbacken zuvor panierter Hüte. In den Farben ist der Echte Reizker sehr veränderlich. Wir kennen eine blaugrünliche var. *hemicyaneus* und eine dem Eichen-Milchling ähnlich gefärbte var. *quieticolor*.

Fichten-Blutreizker

eßbar

Lactarius deterrimus

Merkmale: Hut fleischrötlich bis orange, dazwischen mit graugrünlichen Tönen, fein zoniert oder ungezont, bald stärker grünlich anlaufend, Huthaut feucht schleimig, 3–8 cm breit; Lamellen ocker-orange, gedrängt stehend, schwach herablaufend; Stiel orange, meist einfarbig, seltener mit grubigen Flecken besetzt, bald hohl; Milch lachsfarben, nach einigen Minuten an Schnittstellen weinrot umfärbend; Geschmack bitter, dann etwas brennend. **Vorkommen:** Unter Fichten, besonders im Gebirge; Mykorrhizapilz; August bis Oktober; sehr häufig in den südlichen Hälfte Deutschlands und den Alpenländern, in Norddeutschland eher zerstreut. **Ähnliche Arten:** Lachs-Reizker (*L. salmonicolor*), Hut hell orange, kaum grünend, wenig festfleischig, Milch orange, nur sehr langsam dunkelnd, wächst unter Weißtanne, im Alpengebiet auch bei Fichte und Douglasie, eßbar, nicht gut; Echter Reizker (oben), Hut stärker gezont, Stiel grubig, festfleischig, Milch nicht weinrot werdend, guter Speisepilz.

Wer den Fichten-Blutreizker verwenden will, ist wahrscheinlich von seinem Geschmack enttäuscht. Der bittere Beigeschmack der gebratenen Pilzhüte verschwindet nur selten ganz. Nicht umsonst trägt der Pilz den wissenschaftlichen Namen »*deterrimus*«, was soviel wie »weniger gut« bedeutet.

Brätling, Milchbrätling
Lactarius volemus

eßbar, gut
RL 3

Merkmale: Hut orangebräunlich, orangegelblich oder semmelfarben, Oberfläche matt und trocken, oft konzentrisch rissig, 5–15 cm breit; Lamellen orangegelblich, gedrängt stehend, leicht herablaufend, jung bernsteinfarbene Tröpfchen ausschwitzend, auf Druck bräunend; Stiel dick keulig, sehr fest und vollfleischig; Milch weiß, klebrig, an kleinsten Verletzungen reichlich hervorquellend, bräunlich eintrocknend; Fleisch sehr fest und starr, Geruch heringsartig oder nach Krebsfleisch, Geschmack mild. **Vorkommen:** Im Laub- und Nadelwald, unter Fichten, Kiefern oder Buchen, besonders im Mittelgebirge; liebt Kalk- und Lehmböden; Mykorrhizapilz; Juli bis Oktober; lokal häufig, ist aber offensichtlich rückgängig, häufiger im Bayerischen Wald, Altmühltal, Schwarzwald, Österreich (Tirol).

Wen der fischartige, bei der Zubereitung verschwindende Geruch nicht abschreckt, der findet in dem festfleischigen Brätling einen ergiebigen, wohlschmeckenden Speisepilz. Richtige Zubereitung: Pilze in dünne Scheiben schneiden, in Öl scharf braten, nur mit Pfeffer und Salz würzen. Mit trockenem Brot gegessen hebt sich ein solches Gericht wohltuend vom üblichen Pilzgeschmack ab. Auch bei Schnecken ist der Pilz sehr beliebt, weniger bei Maden. Eine seltene, mehr braunhütige Abart mit im oberen Drittel angeschwollenem Stiel wird als var. *oedematopus* bezeichnet.

Bruch-Reizker, Maggipilz
Lactarius helvus

schwach giftig, Würzpilz (!)

Merkmale: Hut graugelblich, lederfarben bis zimtrötlich, Huthaut feinfilzig, matt und trocken, 5–15 cm breit; Lamellen etwas blasser als der Hut, engstehend, angewachsen; Stiel sehr brüchig, kann je nach Standort sehr lang werden, Basis mit gelblichem, zottigem Filz; Milch nahezu farblos, bald spärlich werdend; Geruch auffallend nach Maggigewürz oder Liebstöckel, Geschmack mild. **Vorkommen:** Unter Nadelbäumen (Fichten, Kiefern), an feuchten Stellen zwischen Torfmoosen, in Mooren, Torfbrüchen (Name!); liebt saure Böden; Mykorrhizapilz; Juli bis Oktober; in Mitteleuropa überall verbreitet und nicht selten. **Ähnliche Arten:** Kampfer-Milchling *(L. camphoratus)*, Geruch ähnlich, deutlich kleinere, dunkler gefärbte Art mit wäßrigweißer Milch, eßbar.

Der Bruch-Reizker erzeugt bei reichlichem Genuß Übelkeit und Erbrechen. Einzelne Exemplare im Mischgericht schaden nicht, schmecken aber aufdringlich. Am besten verwende man den Pilz, wenn überhaupt, in getrockneter Form als Pilzpulver.

Birken-Reizker

genießbar nach Vorbehandlung

Lactarius torminosus

Merkmale: Hut rosa-fleischfarben, mit feiner Zonierung, Oberfläche filzig, Rand grobzottig, 5–10 cm breit; Lamellen blaß cremefarben, engstehend, angewachsen; Stiel blaß rosa, stets hohl; Milch weiß; Geschmack sehr scharf, Geruch fein obstartig. **Vorkommen:** Unter Birken; auf sauren Böden; Mykorrhizapilz; August bis Oktober; zerstreut bis relativ häufig, in Mittel- und Nordeuropa überall verbreitet. **Ähnliche Arten:** <u>Flaumiger Milchling</u> *(L. pubescens)*, Hut blaß, ungezont, schmeckt scharf, genießbar nach Vorbehandlung.

Der Birken-Reizker enthält scharfharzige Substanzen. Sie erzeugen bei Rohgenuß Übelkeit, Erbrechen und Durchfall. Deshalb nur kleinste Mengen roh kosten! Durch Wässern und Abkochen wird der Birken-Reizker in Nord- und Osteuropa entschärft und zum Einsalzen, Silieren oder Einlegen in gewürztem Essig verwendet.

Olivbrauner Milchling, Tannen-Reizker

ungenießbar (!)

Lactarius turpis (L. necator)

Merkmale: Hut dunkel olivbraun, matt, feucht klebrig-schmierig, Mitte oft schwarzoliv, Rand gelbgrün, filzig-bärtig, 5–15 cm breit; Lamellen schmutzig weißlich, olivbraun fleckend, gedrängt, angewachsen; Stiel olivfarben, mit dunkleren, grubigen Flecken, hohl; Milch weiß, grau eintrocknend; Geschmack sehr scharf. **Vorkommen:** Unter Birken, doch auch im reinen Fichtenwald; liebt saure Böden; Mykorrhizapilz; August bis Oktober; überall häufig. **Ähnliche Arten:** <u>Graugrüner Milchling</u> *(L. blennius)*, Hut mehr glänzend, konzentrisch gefleckt, scharf schmeckender Buchenbegleiter, ungenießbar.

Eine Zubereitung nach Art des Birken-Reizkers (siehe oben) wird nicht mehr empfohlen, da im Olivbraunen Milchling das hochwirksame Mutagen »Necatorin« entdeckt wurde (mutagene Wirkung = das Erbgut verändernd).

Wolliger Milchling, Erdschieber

ungenießbar

Lactarius vellereus

Merkmale: Hut breit trichterförmig, weiß, mit Humusresten bedeckt, Huthaut fein wollig-filzig, trocken, 10–30 cm breit; Lamellen weiß, angewachsen; Stiel vollfleischig, sehr kurz; Milch weiß, mild; Fleisch sehr fest und zäh, Geschmack scharf. **Vorkommen:** Im Laubwald, unter Buchen, Eichen; Mykorrhizapilz; August bis Oktober; überall in Europa häufig. **Ähnliche Arten:** <u>Scharfmilchender Wollschwamm</u> *(L. bertillonii)*, auch Milch scharf, sonst sehr ähnlich, selten, ungenießbar; <u>Langstieliger Pfeffer-Milchling</u> *(L. piperatus)*, etwas kleiner, Lamellen sehr gedrängt, scharf gebraten eßbar; Gewöhnlicher Weißtäubling (S. 146), nicht milchend, eßbar.

Der Wollige Milchling ist kaum zu entschärfen und für den Gaumen des Mitteleuropäers wirklich kein Genuß. In Osteuropa werden ganz junge Pilze dünn geschnitten und scharf auf Speck gebraten.

Rotbrauner Milchling

genießbar nach Vorbehandlung

Lactarius rufus

Merkmale: Hut einfarbig rotbraun, Oberfläche trocken, gelegentlich mit mattem Glanz, Hutmitte mit kleinem, spitzem Buckel (Papille), 3–8 cm breit; Lamellen blaß ocker bis rötlichgelb, angewachsen; Stiel rotbräunlich, etwas blasser als der Hut; Milch weiß, nach einigen Sekunden sehr scharf schmeckend; Geruch unauffällig. **Vorkommen:** Im Nadel- und Mischwald, unter Kiefer, Fichte oder Birke; Mykorrhizapilz; Juni bis Oktober; überall häufig. **Ähnliche Arten:** Eichen-Milchling (unten), Hut oft dünn gezont, mild schmeckender Eichenbegleiter, eßbar (!); <u>Süßlicher Milchling</u> *(L. subdulcis)*, Hut zweifarbig ausblassend, Huthaut mit fettigem Glanz, Geschmack mild oder bitterlich, unter Buchen, eßbar. Beide Arten besitzen einen typischen etwas tranigen Geruch, der an Blattwanzen erinnert. Ihre Milch ist etwas wäßrig.

Der Rotbraune Milchling kann nach mehrstündigem Wässern und kurzem Abkochen (Wasser wegschütten!) auf Speck gebraten werden. Einsalzen oder Einlegen in gewürztem Weinessig ist, wie bei anderen scharf schmeckenden Milchlingen, ebenfalls möglich. In den Kiefernwäldern des Flachlandes ist der Rotbraune Milchling bis in den Spätherbst hinein Massenpilz. Unter Frosteinwirkung kann die Farbe in ein leuchtendes Dunkelrot umschlagen und der Stiel knickt mangels Festigkeit unter der Last des Hutes um. Derartige Exemplare sind nicht mehr verwendbar.

Eichen-Milchling

eßbar (!)

Lactarius quietus

Merkmale: Hut fleisch-, rot- oder ziegelbraun, oft dünn konzentrisch gezont, Huthaut glanzlos und trocken, 3–8 cm breit; Lamellen blaß fleischrötlich bis zimtfarben, angewachsen; Stiel mit Hutfarbe, zur Basis dunkler werdend; Milch weiß, etwas wäßrig; Geschmack mild, Geruch typisch ranzig-tranig, erinnert an Blattwanzen. **Vorkommen:** Im Laub- und Mischwald unter Eichen; Mykorrhizapilz; Juli bis Oktober; überall häufig. **Ähnliche Arten:** <u>Süßlicher Milchling</u> *(L. subdulcis)*, Hut stets ungezont, etwas fettig wirkend, beim Antrocknen mit hellerem Rand, Buchenbegleiter mit mildem bis bitterlichem Geschmack, eßbar; Rotbrauner Milchling (oben), Hut ungezont, mit spitzem Buckel, Nadelwaldbewohner, Geschmack scharf, genießbar nach Vorbehandlung.

Der Eichen-Milchling ist ein leicht kenntlicher Massenpilz. Eine normale Zubereitung durch Braten, wie bei anderen Pilzen, ist möglich. Da in der Literatur gelegentlich von einem leicht bitterlichen Geschmack berichtet wird, ist kurzes Überbrühen zu empfehlen.

Grubiger Milchling

genießbar nach Vorbehandlung

Lactarius scrobiculatus

Merkmale: Hut stroh- bis goldgelb, mit dunklerer, fleckiger Zonierung, Rand kurzzottig behangen, Huthaut feucht schleimig, 8–15 (20) cm breit; Lamellen blaß gelblich, gedrängt, angewachsen; Stiel mit dunkleren, grubigen Flecken, deutlich hohl; Milch weiß, an der Luft schnell schwefelgelb; Geschmack erst salzig-parfümiert und bitter, dann sehr scharf, Geruch obstig bis zitronenartig. **Vorkommen:** Im Gebirgs-Fichtenwald; auf Kalkboden; Mykorrhizapilz; Juli bis Oktober; häufig in Süddeutschland, Österreich (Tirol), Nordschweiz sowie Nordeuropa. **Ähnliche Arten:** <u>Zottiger Violettmilchling</u> (*L. repraesentaneus*), Milch violett werdend, ungenießbar.

Wer den Grubigen Milchling einmal roh gekostet hat, kann sich kaum vorstellen, daß er wie der Birken-Reizker durch Vorbehandlung genießbar gemacht werden kann. Und doch ist es so.

Mohrenkopf, Essenkehrer

eßbar

Lactarius lignyotus

Merkmale: Hut schwarzbraun, feinsamtig und trocken, Oberfläche gerunzelt, Mitte mit kleinem Spitzbuckel, 2–6 cm breit; Lamellen weiß, angewachsen; Stiel wie Hut gefärbt, Spitze oft runzelig; Milch weiß, langsam rosa färbend; Geschmack mild, Nachgeschmack manchmal bitterlich. **Vorkommen:** Im sauren, moosreichen Gebirgsnadelwald unter Fichten; Mykorrhizapilz; August bis Oktober; lokal häufig (Bayerischer Wald, Schwarzwald). **Ähnliche Arten:** <u>Pechschwarzer Milchling</u> (*L. picinus*), scharf schmeckender Nadelwaldbewohner; <u>Rußbrauner Milchling</u> (*L. fuliginosus*), wächst im Laubwald, Milch bitter. Beide besitzen rötende Milch und sind ungenießbar.

Der Mohrenkopf gehört zu einer Gruppe, deren weiße Milch an der Luft rötet. Seine rein weißen Lamellen stehen in auffallendem Gegensatz zum rußigen Hut. Wo er häufig vorkommt, gehört er zu den beliebten Speisepilzen.

Nordischer Milchling, Blau-Reizker

genießbar nach Vorbehandlung

Lactarius trivialis

RL 3

Merkmale: Hut jung graulila, mit angedeuteter Zonierung, bald grau-fleischfarben ausblassend, feucht schmierig, 5–15 cm breit; Lamellen schmutzig weißlich, dann ledergelblich, gedrängt, angewachsen; Stiel graugelblich, bei Regen schmierig-klebrig, hohl; Milch weiß, graugelblich eintrocknend; Geschmack nach einigen Sekunden scharf. **Vorkommen:** Im Nadelwald, unter Fichten oder Kiefern; gern an moorigen Stellen; Mykorrhizapilz; August bis Oktober; stellenweise häufig (Süddeutschland, Harz, Österreich, Skandinavien), im Flachland selten. **Ähnliche Arten:** <u>Graufleckender Milchling</u> (*L. vietus*), kleinerer Birkenbegleiter, Geschmack scharf, ungenießbar.

Der Nordische Milchling wird in Nord- und Osteuropa nach Wässern und Abkochen zum Einsalzen verwendet und sehr geschätzt.

Austern-Seitling

Pleurotus ostreatus

oben links und rechts

Merkmale: Hüte muschelförmig in dichten Gruppen an Holz wachsend, an Austernbänke erinnernd; Hut stahlgrau, blaugrau, graubraun, im Alter ausblassend, Oberfläche glatt und kahl, trocken, 5–15 cm breit; Lamellen schmutzig weißlich, herablaufend, in Stielnähe mit kleinen Querverbindungen; Stiel kurz, seitlich sitzend, weiß, Basis zottig; Fleisch elastisch, im Alter zäh werdend, Geruch und Geschmack unauffällig. **Vorkommen:** An verschiedenen Laubholzarten, seltener an Nadelholz; Parasit und Saprophyt; Oktober bis Dezember (Februar), erscheint nach tiefen Temperaturen im Spätherbst sowie in milden Wintermonaten; lokal häufig, in Mittel- und Nordeuropa gleichmäßig verbreitet. **Ähnliche Arten:** Eichen-Seitling *(P. dryinus)*, Hut heller, filzig, Rand mit Schleierresten, ungenießbar; Rillstieliger Seitling *(P. cornucopiae)*, Stiel durch weit herablaufende Lamellen längsrillig, Mehlgeschmack, eßbar; Gelbstieliger Muschelseitling *(Panellus serotinus)*, Huthaut gelatinös, Stiel gelblich, eßbar, doch weniger schmackhaft.

Der junge Austern-Seitling ist ein guter Speisepilz. Er wird häufig auf Strohballen oder Holz kultiviert. Im Handel ist eine aus Florida stammende, zartfleischigere Sommervariante erhältlich, die ganzjährig fruktifiziert.

Trompeten-Pfifferling, Durchbohrter Leistling

Cantharellus tubaeformis (C. infundibuliformis)

unten; (gesch.)

Merkmale: Hut dunkelbraun oder gelbbraun, sehr dünnfleischig, Rand oft gekerbt, Mitte nabelartig vertieft, im Alter gelegentlich offen in den hohlen Stiel übergehend (durchbohrt!), 2–5 cm breit; Leisten grau bis gelblich, gegabelt und mit Querverbindungen, herablaufend; Stiel schmutzig ocker bis goldgelb; Fleisch elastisch-knorpelig, mit würzigem, manchmal auch muffigem Geruch. **Vorkommen:** Im Laub- und Nadelwald, besonders zwischen Moosen, truppweise; Mykorrhizapilz; Juli bis Oktober; lokal häufig, in Mittel- und Nordeuropa. **Ähnliche Arten:** Starkriechender Leistling *(C. xanthopus)*, Hutunterseite nur gerunzelt-aderig, Stiel meist chromgelb, Geruch auffallend süßlich-mirabellenartig, Gebirgspilz auf Kalkböden, eßbar.

Der Trompeten-Pfifferling ist kein sehr aromatischer Speisepilz und mit dem Echten Pfifferling nicht zu vergleichen. Beim Betrachten der Hutunterseite sieht man deutlich die dicklichen, im Querschnitt breiten Leisten. Sie unterscheiden sich von echten Lamellen auch dadurch, daß sie fest mit dem Hutfleisch verwachsen sind. Wie alle Leistenpilze, ist auch der Trompeten-Pfifferling in Deutschland unter eingeschränkten Schutz gestellt. Er darf also nur für den Eigenbedarf gesammelt werden.

Echter Pfifferling

eßbar, sehr gut

Cantharellus cibarius   oben und Mitte; (gesch.), RL 3

Merkmale: Hut schön dotter- bis goldgelb, doch auch sehr blaß oder violettlich angehaucht, Oberfläche kahl, trocken, Rand lange eingerollt, im Alter gelappt, 2–5 (8) cm breit; Leisten goldgelb, mehrfach gegabelt, weit herablaufend; Stiel wie der Hut gefärbt, vollfleischig, Basis zuspitzend; Fleisch blaß gelb, Geruch aromatisch obstig bis mirabellenartig, Geschmack im Rohzustand nach einigen Sekunden schärflich. **Vorkommen:** Im Nadel- und Laubwald, besonders unter Fichten, Kiefern und Rotbuchen; Mykorrhizapilz; Juni bis Oktober, vor allem in den Sommermonaten; überall verbreitet, doch lange nicht mehr so häufig wie früher. **Ähnliche Arten:** Falscher Pfifferling (S. 50), Huthaut fein filzig, Hutunterseite mit gegabelten, weichen Lamellen, geruchlos, wächst vor allem im Spätherbst, eßbar, doch in großen Mengen manchmal unbekömmlich.

Der Echte Pfifferling weicht in seinem Geschmack von den meisten anderen Pilzarten deutlich ab und ist nicht zu Unrecht sehr beliebt. Er muß gut durchgegart und wegen seiner schweren Verdaulichkeit ausreichend zerkaut werden. Einmal getrocknet, weicht er unter Wasserzugabe schlecht wieder auf und verliert an Aroma. Die neuerliche Aufnahme in die Rote Liste als gefährdete Art setzt seinem allgemeinen Rückgang ein Zeichen. Nur in wenigen Gebieten ist er noch Massenpilz. Wer also in den heimischen Wäldern vereinzelte Exemplare vorfindet, sollte sie stehenlassen. Die Buchenwaldform (var. *pallens*) ist in der Gestalt besonders kräftig, dafür aber blasser gefärbt. Sie ist in der Seitenmitte abgebildet.

Herbsttrompete, Totentrompete

eßbar, guter Würzpilz

Craterellus cornucopioides   unten; RL 3

Merkmale: Fruchtkörper füllhornartig, innen gänzlich hohl, sehr dünnfleischig, Rand schwarzbraun, schorfig-filzig, hutförmig nach außen umgerollt; Außenseite grau, schwach gerunzelt, zur Basis stielartig verschmälert und schwarz gefärbt. **Vorkommen:** Im Laub- und Mischwald, hauptsächlich unter Buchen; in Gruppen auf Kalk- und Lehmböden; Mykorrhizapilz; August bis Oktober; lokal häufig, in ganz Mittel- und Nordeuropa. **Ähnliche Arten:** Grauer Leistling (*Cantharellus cinereus*), Pilz oben nicht wie ein Füllhorn geöffnet, Hutunterseite mit gut ausgebildeten, grauen Leisten, seltene Art, eßbar; Krause Kraterelle (*Pseudocraterellus undulatus*), Farben dunkelbraun, Hutunterseite gerunzelt, Stiel vollfleischig, selten, eßbar.

Die Herbsttrompete ist hervorragend zum Trocknen und Herstellen von würzigem Pilzpulver geeignet. Wegen ihrer Dünnfleischigkeit trocknet sie sehr schnell.

Schweinsohr

Gomphus clavatus

eßbar, sehr gut
oben; (gesch.), RL 2

Merkmale: Fruchtkörper sehr fleischig, kreiselförmig oder abgestutzt-keulig, oft einseitig eingeschnitten, 5–10 cm breit; Oberseite fleischbräunlich, kahl; Außenseite aderig-runzelig, violett, in Vertiefungen von den ausfallenden Sporen ockerfarbig bestäubt; Basis stielartig verschmälert; Fleisch hellfarbig, weichlich-elastisch, wäßrig marmoriert. **Vorkommen:** In Laub- und Nadelwäldern, unter Fichte, Tanne oder Buche; auf Kalkböden; Mykorrhizapilz; August bis Oktober; zerstreut bis selten im Schwarzwald, Alpenvorland, Österreich (Tirol), Schweiz, im Flachland nahezu fehlend.

Das Schweinsohr ist ein ausgezeichneter Speisepilz, der im Geschmack an Pfifferlinge erinnert. Leider wird dieser schöne Pilz, der wegen seiner besonderen Gestalt kaum zu verwechseln ist, immer seltener und sollte geschont werden. Er ist mit den Korallenpilzen verwandt.

Abgestutzte Keule

Clavariadelphus truncatus

eßbar
unten links; RL 3

Merkmale: Fruchtkörper keulenförmig, am Scheitel abgeflacht, wie abgebissen oder abgestutzt (Name!), 5–12 cm hoch; Farbe ocker bis goldgelb, auch mit lachsfarbenen, weinrötlichen bis fleischvioletten Beitönen; Oberfläche gerunzelt; Fleisch weißlich, mit ausgesprochen süßlichem Geschmack. **Vorkommen:** Im Gebirgsnadelwald, unter Fichten; Mykorrhizapilz; August bis Oktober; relativ selten in Süddeutschland, Österreich (Kärnten, Tirol) und der Schweiz. **Ähnliche Arten:** Herkules-Keule *(C. pistillaris)*, Bewohner des Buchenwaldes auf Kalk- oder Lehmböden, lokal relativ häufig, Geschmack im Alter bitter, ungenießbar; Zungen-Keule *(C. ligula)*, etwas kleiner und schmaler, ockerfarbig, erscheint in größeren Trupps, selten, eßbar.

Da die Abgestutzte Keule schwer von der Herkules-Keule zu unterscheiden ist, hilft eine Kostprobe. Man achte auf den süßen, milden Geschmack.

Röhrige Keule

Macrotyphula fistulosa

ungenießbar
unten rechts

Merkmale: Fruchtkörper sehr schlank keulig, ockerfarbig, 3–5 mm breit und dabei bis 15 cm hoch, im Innern völlig hohl; Fleisch elastisch, zäh. **Vorkommen:** Auf morschen, oft im Boden verborgenen Ästchen von Birke und Erle; Saprophyt; September bis November; zerstreut, in Deutschland gleichmäßig verbreitet. **Ähnliche Arten:** Binsen-Keule *(M. filiformis)*, etwa 1 mm breit und 5 cm hoch, wächst auf Birken- oder Eichenblättern, ungenießbar.

Die Röhrige Keule ist ihrer Umgebung so gut angepaßt, daß man sie trotz ihrer Höhe glatt übersieht. Da der Pilz auf den im Boden verborgenen Ästchen ein begrenztes Areal hat, bildet er nicht selten gesellige Reihen, deren Länge durch die Maße des Astes vorgegeben ist.

Rötliche Koralle, Hahnenkamm, Bärentatze

Ramaria botrytis

eßbar (!)

RL 2

Merkmale: Fruchtkörper korallenförmig, 5–20 cm breit, jung mit dickem, weißem Strunk, der sich in feinere Äste aufspaltet, Spitzen rotbraun bis fleischrötlich; Fleisch weiß, im Strunk wäßrig marmoriert, Geschmack mild, Geruch unauffällig. **Vorkommen:** Im Laub- und Nadelwald, unter Fichten oder Rotbuchen; Saprophyt; Juli bis Oktober; selten in Mitteleuropa. **Ähnliche Arten:** Blasse Koralle (unten), ganzer Pilz relativ bleich gefärbt, mit fleischrosa Spitzen und längsgerunzelten Ästen, giftig.

Die vielen Volksnamen der Rötlichen Koralle deuten auf eine große Beliebtheit. Anscheinend war der durch seine rötlichen Astspitzen gut erkennbare Pilz in früheren Jahrzehnten viel häufiger als heute. Die abgebildeten Exemplare sind gerade im richtigen Sammelzustand, sofern man die Art wegen ihres Rückgangs überhaupt empfehlen sollte. Bei älteren Stadien bleibt die rötliche Farbe der Spitzen lange erhalten. Der Pilz kann bei empfindlichen Personen Verdauungsstörungen hervorrufen. Überhaupt sind die Korallen eine für den gewöhnlichen Pilzsammler schwierig zu bestimmende Gruppe. In einem gewissen Alter ähneln sie sich so sehr, daß eine Bestimmung nur noch mit dem Mikroskop möglich ist. Der Anfänger sollte sie wegen der Verwechslungsgefahr mit giftigen Arten lieber meiden.

Blasse Koralle, Bauchweh-Koralle

Ramaria pallida (R. mairei)

giftig

RL 3

Merkmale: Fruchtkörper korallenförmig, 10–20 cm breit, jung oft gänzlich blaßrosa, mit fleischrosa Astspitzen, bald aber bleich und nur an den Spitzen rosa gefärbt, Äste dann deutlich längsgerunzelt; Fleisch einheitlich weiß, im Strunk nicht marmoriert, Geruch unauffälig, Geschmack mild bis bitterlich. **Vorkommen:** Im Laub- und Nadelwald; liebt Kalkböden; Saprophyt; August bis Oktober; zerstreut bis selten in Mitteleuropa, in Österreich (Tirol) lokal häufiger. **Ähnliche Arten:** Rötliche Koralle (oben), mit roten bis rotbraunen Astspitzen, Fleisch im Strunk wäßrig marmoriert, eßbar.

Die Blasse Koralle ist sehr veränderlich. Jung ist sie gut an den fleischrosa gefärbten Astenden zu erkennen, alt an den bleichen Farben und der Längsrunzelung der Äste. Der Giftgehalt scheint zu schwanken; es treten 1/2 bis 3 Stunden nach dem Verzehr mehr oder weniger starke Darmstörungen in Verbindung mit Bauchschmerzen sowie Erbrechen auf. Ähnliche Vergiftungen erzeugt die Schöne Koralle (*R. formosa*), die an ihren lachsfarbenen, zur Spitze hin ins Zitronengelb übergehenden Ästen erkannt werden kann. Todesfälle sind bei Korallenvergiftungen bisher nicht bekannt.

Krause Glucke, Fette Henne
Sparassis crispa

eßbar, gut

Merkmale: Fruchtkörper 10–30 cm breit, von weitem wie ein Badeschwamm aussehend, ockerfarbig, Oberfläche mit krausen, bandartigen Elementen; Basis strunkartig verwachsen und etwas wurzelnd; Fleisch brüchig, Geruch und Geschmack angenehm würzig, im Alter auch leicht bitter. **Vorkommen:** Im Wurzelbereich von Nadelbäumen, besonders Kiefern, auch an Stümpfen; Parasit und Saprophyt; August bis November; relativ häufig in Mitteleuropa, in Deutschland gleichmäßig verbreitet. **Ähnliche Arten:** Breitblättrige Glucke *(S. brevipes)*, Oberfläche grobblättriger, wächst an Tannen oder Eichen, seltene Art, eßbar. Achtung wegen z. T. giftiger Korallen (S. 168) mit im Querschnitt rundlichen Verästelungen.

Die Krause Glucke ist jung ein ausgezeichneter Speisepilz, der in Geschmack und Konsistenz an Morcheln erinnert. Im Innern befinden sich viele Hohlräume, die von Insekten und Schnecken bewohnt werden. Kleinschneiden und gründliches Waschen wird daher dringend empfohlen.

Auf dem Foto ist links noch der leuchtend orange gefärbte Klebrige Hörnling *(Calocera viscosa)* zu sehen. Der häufige, ungenießbare Pilz wird von Sammlern oft für einen Keulen- oder Korallenpilz gehalten, ist mit diesen aber nicht verwandt. Er gehört zu den Gallerttränenpilzen und besitzt gummiartig biegsame, bei Regenwetter glitschige Äste.

Semmel-Stoppelpilz
Hydnum repandum

eßbar

Merkmale: Hut blaß semmelfarben bis ockerrötlich, Huthaut matt, trocken, an Druckstellen gilbend, Rand oft gelappt, 5–10 cm breit; Unterseite mit gleichfarbigen Stacheln besetzt; Stiel weiß bis rötlich-ocker; Fleisch brüchig, Geruch angenehm, Geschmack wie getrocknete Haferflocken, nach einigen Sekunden schärflich. **Vorkommen:** Im Laub- und Nadelwald; besonders auf Kalkböden; Mykorrhizapilz; Juli bis Oktober; relativ häufig in Mittel- und Südeuropa. **Ähnliche Arten:** Weißlicher Stoppelpilz *(H. albidum)*, in allen Teilen weißlich gefärbt, wärmeliebende Art mit südeuropäischer Hauptverbreitung, eßbar.

Der Semmel-Stoppelpilz kann im Alter bitterlich schmecken, ist aber sonst ein guter Speisepilz. Der schärfliche Geschmack verliert sich bei der Zubereitung, die am besten durch Braten erfolgen sollte. Eine zierlichere Varietät mit orangerötlichen Farben (var. *rufescens*) wird aus der Entfernung leicht für einen Pfifferling gehalten. Sie ist insgesamt etwas seltener als die Hauptart. Zwischen beiden scheint es farbliche Übergänge zu geben.

Habichtspilz

Sarcodon imbricatum

eßbar (!)

Merkmale: Hut grau- bis rotbraun, oft auch fast schwarzbraun, mit groben, sparrig abstehenden Schuppen bedeckt, Huthaut trocken, 5–15(20) cm breit; Stacheln erst hellgrau, dann graubraun, sehr dicht stehend, herablaufend; Stiel hellgrau bis bräunlich, kompakt; Fleisch schmutzig weißlich, im Alter graubräunlich, Geruch angenehm würzig, Geschmack mild. **Vorkommen:** Im Nadelwald unter Fichten oder Kiefern; Mykorrhizapilz; August bis November; lokal häufig in Süddeutschland, Österreich und der Schweiz, im Flachland selten. **Ähnliche Arten:** Gallen-Stacheling *(S. scabrosus)*, etwas kleiner, Hut feinschuppiger, Stielbasis innen und außen schwarzbraun, Geschmack bitter, ungenießbar; Widerlicher Stacheling *(S. leucopus)*, Hut kahl, seltene Art mit unangenehmem Geschmack, der aber nicht immer so widerlich ist, wie der Name aussagt, ungenießbar.

Da der Habichtspilz in ungenügend erhitztem Zustand Verdauungsstörungen hervorrufen kann, wird Abbrühen angeraten. Zu alte Exemplare werden zäh und schmecken bitterlich. Hellere Pilze mit dunkleren Hutschuppen erinnern an ein Habichtsgefieder (Name!). Getrocknete Habichtspilze sind zur Herstellung von würzigem Pilzpulver geeignet.

Riesen-Bovist

Langermannia gigantea

jung eßbar

Merkmale: Fruchtkörper unregelmäßig kugelförmig, 20–60 cm breit, meist aber von der Größe eines Fußballes; Oberfläche glatt und kahl, jung weiß, dann gelbbraun werdend, äußere Haut (Peridie) bei der Reife ablösend und zerfallend. Das Innere ist zuerst rein weiß und fest, färbt sich dann gelblich und schließlich braun. Ausgereifte Pilze lösen sich allmählich gänzlich in staubiges Sporenpulver auf. **Vorkommen:** Lichte Waldstellen, Weiden und Wiesen; auf stickstoffreichen Böden; Saprophyt; Juni bis Oktober, besonders in regenreichen Sommermonaten; nicht selten, in Mitteleuropa gleichmäßig verbreitet. **Ähnliche Arten:** Hasen-Stäubling (S. 174), kleiner, Oberfläche gefeldert oder fein bestachelt, eßbar.

Der Riesen-Bovist ist verwendbar, solange er innen völlig weiß und fest ist. Bei vorsichtigem Abklopfen erinnert er dann an eine reife Wassermelone. Sobald das Innere schwammig wird und sich gelb färbt, wird es bei der Zubereitung breiig und verliert an Geschmack. Nach Abschälen der dünnen Außenhaut kann das Pilzfleisch in Scheiben geschnitten und gebraten werden. Vorheriges Panieren ist ebenfalls beliebt. Auch zum Einfrieren ist der Pilz geeignet.

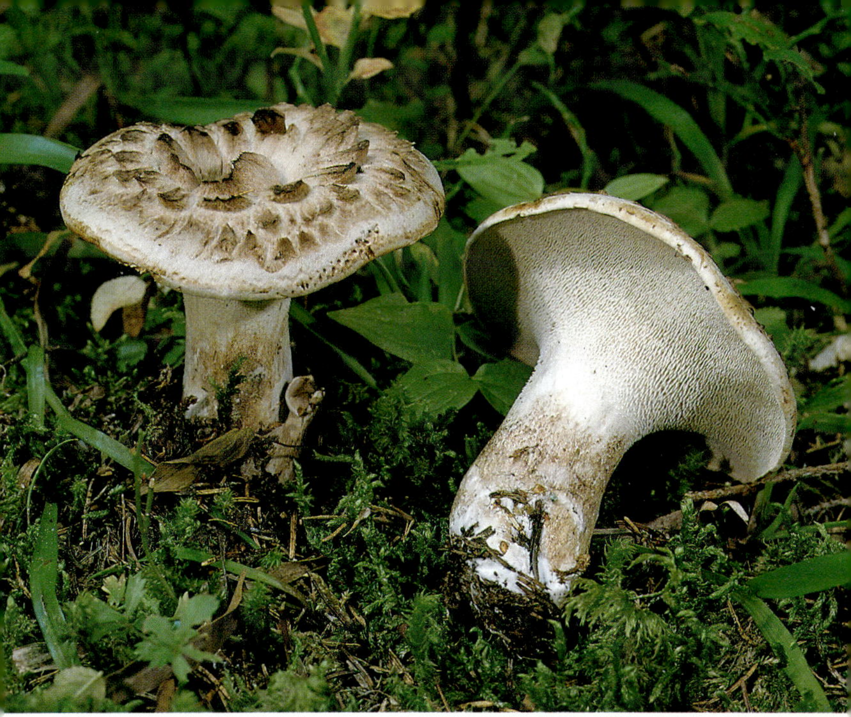
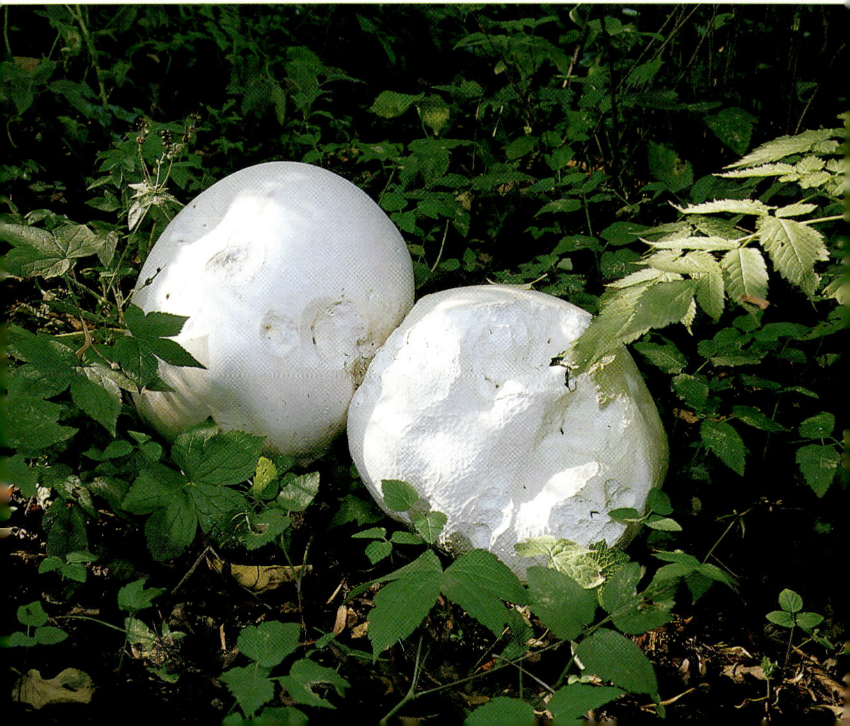

Flaschen-Stäubling

Lycoperdon perlatum

jung eßbar

oben und Mitte

Merkmale: Fruchtkörper umgekehrt birnen- oder flaschenförmig, Höhe 5–8 cm; Farbe jung weiß, beim Reifen bräunend, außen mit dicklichen Stacheln besetzt, die sich leicht abreiben lassen und ein netzartiges Muster hinterlassen; reife Pilze am Scheitel mit kleiner Öffnung, aus der das olivbraune Sporenpulver entweicht. **Vorkommen:** Im Laub- und Nadelwald, einzeln bis gesellig wachsend; Saprophyt; Juli bis November; überall häufig. **Ähnliche Arten:** Stinkender Stäubling (*L. foetidum*), Stacheln bräunend, Geruch aufdringlich, jung eßbar; Birnen-Stäubling (*L. pyriforme*), Außenseite kahl bis feinflockig, Geruch stechend, Holzbewohner, ungenießbar; Beutel-Stäubling (*Calvatia excipuliformis*), größere Art mit feineren Stacheln, jung eßbar; vgl. giftige Kartoffelboviste (S. 176).

Flaschen-Stäublinge sind, sofern innen noch weiß, schmackhafte Bratpilze. Beim Kochen werden sie zäh. Die im oberen Foto dargestellten braunen Exemplare sind reif und für den Verzehr nicht mehr geeignet. Beim Berühren entweicht ihnen am Scheitel eine braune Sporenwolke. Flaschen-Stäublinge unterscheiden sich von Beutel- und Hasenstäubling (Gattung *Calvatia*) dadurch, daß beim reifen Pilz am Scheitel nur eine kleine Öffnung entsteht. Bei letzteren trägt sich der gesamte obere Teil der Peridie ab. So bleibt schließlich nur der kelchartige Stielteil übrig.

Hasen-Stäubling, Getäfelter Stäubling

Calvatia utriformis (C. caelata)

jung eßbar

unten; RL 3

Merkmale: Fruchtkörper verkehrt-birnenförmig, sackartig oder halbkugelig, in der Form sehr veränderlich, 10–20 cm breit; Farbe grauweißlich, beim Reifen bräunend; Außenseite mit grob getäfeltem Muster oder mit feinen, zusammengesetzten Stacheln. Beim reifen Pilz trägt sich die Peridie des Kopfteiles ab und hinterläßt den kelchförmigen unteren Teil. Dieser ist oft noch im nächsten Jahr zu finden. **Vorkommen:** Meist außerhalb des Waldes, auf Weideland, Trocken- und Halbtrockenrasen, seltener an lichten Waldstellen; Saprophyt; Juni bis Oktober; zerstreut, gleichmäßig verbreitet. **Ähnliche Arten:** Beutel-Stäubling (*C. excipuliformis*), kleinerer Waldbewohner, jung eßbar; vgl. giftige Kartoffelboviste (S. 176).

Der Hasen-Stäubling kann wie der Riesen-Bovist zubereitet werden (siehe S. 172). Bestimmte Formen des Beutel-Stäublings sind so ähnlich, daß sie nur mikroskopisch unterschieden werden können. Sie besitzen rauhe Sporen, während die des Hasen-Stäublings völlig glatt sind. Als Bewohner von Trockenrasengesellschaften ist der Hasen-Stäubling durch Düngemaßnahmen der Landwirtschaft gefährdet.

Dickschaliger Kartoffelbovist

giftig
oben

Scleroderma citrinum

Merkmale: Fruchtkörper kugelig-knollenförmig, 4–10 cm breit; Farbe beige-bräunlich bis ocker, außen grob felderig zerklüftet, innen bald schiefergrau bis schwärzlich; Peridie mehrere Millimeter dick; Geruch stechend metallisch. Der reife Pilz bekommt eine unregelmäßige Scheitelöffnung zum Entlassen seines olivbraunen Sporenpulvers. **Vorkommen:** Im Laub- und Nadelwald, besonders auf sauren, moorigen Sandböden; Mykorrhizapilz; Juli bis November; überall häufig. **Ähnliche Arten:** Dünnschaliger Kartoffelbovist *(S. verrucosum)* und Gefelderter Kartoffelbovist *(S. areolatum)*; beide besitzen eine dünnere Peridie und sind ebenfalls giftig. Achtung beim Sammeln eßbarer, innen stets weiß gefärbter Stäublinge (S. 174) und Boviste!
Kartoffelboviste erzeugen nach einer Latenzzeit von 1/2 bis 3 Stunden Übelkeit und Erbrechen. Der Verzehr größerer Mengen kann Ohnmachtsanfälle verursachen. Sehr junge Pilze können im Innern nahezu weiß gefärbt sein! Sie sind dann am relativ hohen Gewicht, ihrer Festfleischigkeit und stechendem Geruch zu erkennen.

Stinkmorchel

ungenießbar
unten links und rechts

Phallus impudicus

Merkmale: Fruchtkörper reif einer Morchel ähnlich; auf einem weißen Stielteil (Rezeptakulum) sitzt ein glockenförmiges, mit olivbrauner Sporenmasse bedecktes Hütchen, Gesamthöhe 10–20 cm; Geruch intensiv süßlich-aasartig. Der Pilz entwickelt sich aus einem weißen, halb unterirdisch wachsenden, eiförmigen Gebilde (Hexenei). Nach Abfließen oder Abtragen der Sporenmasse kommt die wabenartige Struktur des Hutes zum Vorschein (vgl. Morcheln). Die Sporenmasse (Gleba) beginnt zu riechen, sobald sie mit Luftsauerstoff in Berührung kommt. Dadurch werden Fliegen und Käfer angelockt und verbreiten die an ihren Beinen anhaftenden Sporen. **Vorkommen:** In Laub- und Nadelwäldern, in Gärten und Parks; Saprophyt; Juli bis November, besonders in feuchtwarmen Sommern; überall häufig. **Ähnliche Arten:** Dünen-Stinkmorchel *(P. hadriani)*, Hexenei färbt sich an der Luft violett, Geruch schwächer, in Dünenlandschaften, selten, ungenießbar; Hundsrute *(Mutinus caninus)*, höchstens fingerdick, orange gefärbt, Geruch schwach kotartig, ungenießbar.
Das Foto zeigt rechts ein aufgeschnittenes Hexenei der Stink-Morchel. Deutlich ist die äußere Gallerthülle, die darunter liegende Gleba und der weiße Kern (späterer Stiel) zu sehen. Hexeneier sind nach Entfernen der Gallerthülle roh oder gebraten eßbar. Sie riechen und schmecken rettichartig.

Speise-Morchel, Rund-Morchel

Morchella esculenta

eßbar, sehr gut
oben links; (gesch.)

Merkmale: Hut rundlich bis länglich, mit unregelmäßigen Waben besetzt, meist ockerfarbig, doch auch schmutzig weiß, grauocker bis graubraun; Stiel gewöhnlich weiß bis blaß ocker; Gesamthöhe 10–15(30) cm; ganzer Fruchtkörper innen hohl; Fleisch mit brüchig-wachsartiger Konsistenz, Geruch angenehm aromatisch. **Vorkommen:** In Auwäldern, an Bachrändern, in Parks und Gärten unter Gebüsch, auch auf Schutt- und Trümmerplätzen (wegen des Kalkgehalts des Bodens); Saprophyt; April bis Mai; zerstreut, stellenweise häufig, doch nicht in jedem Jahr gleich. **Ähnliche Arten:** Spitz-Morchel (unten), mit dunklerem Hut und ausgeprägten Längsrippen, eßbar; Frühjahrs-Lorchel (S. 180), Hut rotbraun, mit gehirnartigen Windungen, erscheint ab März im sandigen Kiefernwald, giftig.

Morcheln sind wegen ihres köstlichen Aromas sehr beliebt. Gedünstet sind sie eine Delikatesse, eignen sich auch gut zum Trocknen. Sehr große, alte Exemplare sollten vorher kurz abgekocht werden, da sonst Beschwerden auftreten können. Im Rohzustand sind Morcheln generell unbekömmlich!

Halbfreie Morchel, Käppchen-Morchel

Morchella gigas (Mitrophora semilibera)

eßbar
oben rechts; (gesch.)

Merkmale: Hut im Verhältnis zum Stiel meist klein, längsrippig, olivbraun, etwa ein Drittel ab unterer Kante frei vom Stiel und nicht mit diesem verwachsen, ganzer Pilz hohl, Gesamthöhe 6–15 cm; Fleisch ziemlich zäh, Geruch etwas dumpf. **Vorkommen:** Auwälder, Fluß- und Seeufer, Parks, Gärten; Saprophyt; April bis Mai; zerstreut, stellenweise häufig, in gewissen Gegenden die häufigste Morchel. **Ähnliche Arten:** Spitz-Morchel (unten), Hut im Verhältnis zum Stiel höher, untere Kante angewachsen, eßbar.

Der Name »gigas« (= riesenhaft) ist irreführend, da gerade diese Art relativ zierlich gebaut ist. Einzelne Riesenexemplare kommen bei Morcheln generell vor.

Spitz-Morchel, Hohe Morchel

Morchella conica

eßbar, sehr gut
unten; (gesch.)

Merkmale: Hut zugespitzt bis länglich-abgerundet, doch immer mit längs ausgerichteten Rippen und Waben, Farbe hell ocker, graubraun, oliv oder fast schwarz, untere Kante mit dem helleren Stiel verwachsen, Pilz gänzlich hohl, Gesamthöhe 8–12 cm; Fleisch brüchig, Geruch aromatisch. **Vorkommen:** In Wäldern, auf Kahlschlägen, Lichtungen, in Auwäldern, Parks und Gärten, mit Vorliebe auch auf Brandstellen oder auf Rindenmulch; Saprophyt; März bis Mai (Juni); zerstreut, stellenweise häufig. **Ähnliche Arten:** Speise-Morchel (oben links), Hut mit unregelmäßigem Wabenmuster, eßbar; Halbfreie Morchel (oben rechts), untere Hutkante frei, eßbar; vgl. auch giftige Frühjahrs-Lorchel (S. 180)!

Spitz-Morcheln sind geschmacklich ausgezeichnet, was sich auch in der Namensgebung ausdrückt: var. *deliciosa*, die <u>Köstliche Morchel.</u>

Herbst-Lorchel, Krause Lorchel

Helvella crispa

eßbar
oben links

Merkmale: Hut aus unregelmäßig gelappten und wellig-krausen Elementen bestehend, Farbe gewöhnlich gelblich-weiß bis ocker; Stiel schlank keulenförmig, mit ausgeprägten Längsrillen, weiß bis gelblich, Gesamthöhe 8–15 cm; Fleisch brüchig, im Stiel zäh-elastisch, Geruch jung aromatisch, im Alter süßlich. **Vorkommen:** Im Laub-, seltener Nadelwald; Saprophyt; Juli bis Oktober; relativ häufig in Mitteleuropa. **Ähnliche Arten:** Gruben-Lorchel (oben rechts), Hut und oft auch Stiel grau bis schwarz gefärbt, eßbar.
Herbst-Lorcheln sind keine besonders guten Speisepilze. Wer sie unbedingt probieren möchte, sollte nur junge Pilze verwenden und sie zur Geschmacksverbesserung kurz überbrühen.

Gruben-Lorchel

Helvella lacunosa (H. sulcata)

eßbar
oben rechts

Merkmale: Hut sattelförmig oder unregelmäßig lappig, gelegentlich zwei- bis dreispitzig, Farbe meist dunkelgrau bis schwarz, doch auch hellgrau; Stiel schmutzig weiß, grau oder graubräunlich, deutlich längsrillig; Gesamthöhe 4–8 cm; Fleisch zäh-elastisch, im Hut eher brüchig, Geruch jung würzig, dann etwas dumpf. **Vorkommen:** Im Laub- und Nadelwald, in Parks und Gärten, auf Friedhöfen; Saprophyt; Juni bis September, besonders in feuchten Sommermonaten; relativ häufig in Mitteleuropa. **Ähnliche Arten:** Herbst-Lorchel (oben links), größer, mit helleren Farben, eßbar; Elastische Lorchel *(H. elastica)*, Farbe heller, Stiel nicht gerillt, ungenießbar.
Für den Speisewert der Gruben-Lorchel gilt das gleiche, wie für die Herbst-Lorchel.

Frühjahrs-Lorchel

Gyromitra esculenta

giftig
unten

Merkmale: Hut schön rotbraun gefärbt, Oberfläche unregelmäßig, mit nach außen gewundenen Gängen (wie Gehirnwindungen); Stiel oft kurz, weiß bis fleischbräunlich, fein filzig; Gesamthöhe 8–10 cm; Fleisch im Hut brüchig, im Stiel etwas zäh, Geruch angenehm aromatisch. **Vorkommen:** Im Kiefernwald auf Sandböden, besonders in Schonungen, auf Brandstellen und Kahlschlägen; Saprophyt; März bis April (Mai); zerstreut, in guten Jahren lokal häufig, in Mittel- und Osteuropa gleichmäßig verbreitet. **Ähnliche Arten:** Bischofsmütze *(G. infula)*, Hut mehrzipfelig, im Herbst wachsend; Riesen-Lorchel *(G. gigas)*, Hutfarbe mit weniger Rotanteil, seltener Laubwaldbewohner im Frühling. Bei beiden Arten ist der Speisewert umstritten. Eßbare Morcheln (S. 178) sind durch ihre wabenartig vertieften Hüte zu unterscheiden.
Die Frühjahrs-Lorchel enthält das wasserlösliche Zellgift Gyromitrin, welches Organschäden hervorruft (vgl. Einführung, Abschnitt Giftpilze). Der vor Jahrzehnten beliebte Pilz, der vor der Zubereitung gründlich abgebrüht wurde, ist in Deutschland lange vom Markt verbannt.

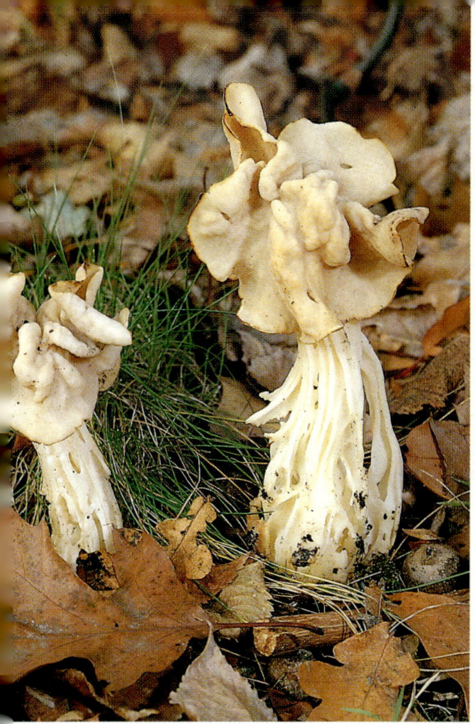
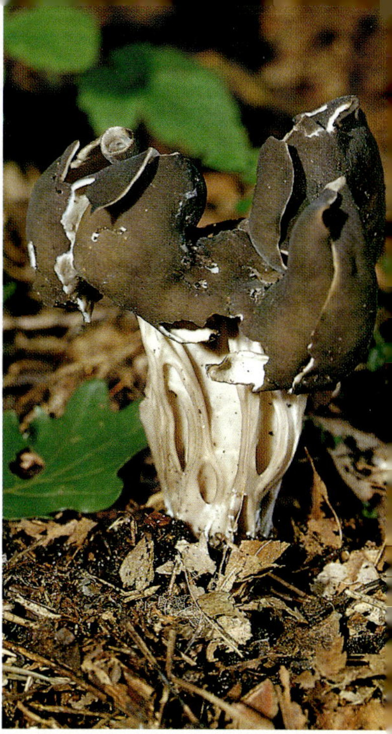
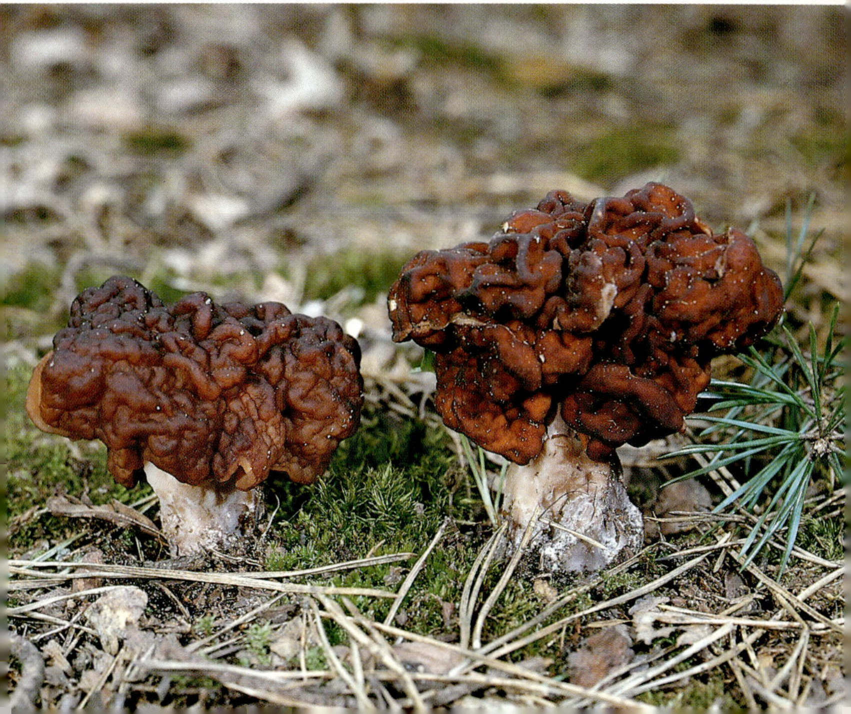

Größter Scheibling, Schildförmige Lorchel

Gyromitra ancilis (Discina perlata)

Merkmale: Fruchtkörper zuerst becher- bis kelchförmig, dann sich ausbreitend und verflachend, schließlich wölben sich die Außenränder sogar um und liegen dem Erdboden auf, 5–15 cm breit; Mitte kurz stielartig zusammengezogen, Innenseite (Hymenium) rotbraun gefärbt, Außenseite erst gleichfarbig, dann blasser; Fleisch brüchig, Geruch unbedeutend. **Vorkommen:** Im Nadelwald unter Kiefern oder Fichten, auf Kahlschlägen und Brandstellen, manchmal auf vermorschten Baumstümpfen oder auf verrottenden Wurzeln; Saprophyt; April bis Juni; zerstreut bis selten. **Ähnliche Arten:** Morchel-Becherling *(Disciotis venosa)*, Fleisch mit Chlorgeruch, wächst an Morchelstandorten, eßbar. Der Pilzsammler vergleiche auch die Merkmale des giftigen Kronen-Becherlings (unten)!

Der Größte Scheibling hat die Gestalt eines Becherlings, ist aber eher mit den Lorcheln verwandt. Alte Exemplare sind etwas zäh und können einen bitterlichen Geschmack haben.

Kronen-Becherling

Sarcosphaera coronaria (S. crassa) RL 3

Merkmale: Fruchtkörper jung aus einer halbunterirdischen Hohlkugel bestehend, beim Reifen am Scheitel unregelmäßig kronen- bis sternförmig aufbrechend, 3–10 cm breit; Innenseite violett, seltener nur fleischbräunlich, Außenseite weiß und fein filzig; Fleisch brüchig, etwas zäh, Geruch unbedeutend. **Vorkommen:** Meist in Nadelwäldern, jeweils in größeren Gruppen; nur auf Kalkböden; Saprophyt; Mai bis Juli; zerstreut in Süddeutschland, Österreich, Schweiz, auch in Südeuropa, im Flachland sehr selten oder fehlend. **Ähnliche Arten:** Morchel-Becherling *(Disciotis venosa)*, nicht kronenförmig, Innenseite geadert, nie violett, Chlorgeruch, eßbar.

Der Kronen-Becherling ist in seiner Form so typisch, daß er kaum mit anderen Pilzen verwechselt werden kann. Je nach Klima und Höhenlage kann seine Erscheinungszeit sehr schwanken. In den deutschen Mittelgebirgen findet man ihn meist gegen Ende Juni, einer pilzarmen Zeit. Die noch unbekannten Gifte des Kronen-Becherlings sollen ähnliche Wirkung haben wie die der Frühjahrs-Lorchel. Einige Autoren empfehlen minutenlanges Abkochen und Weggießen des Kochwassers, um den dann wohlschmeckenden Pilz genießbar zu machen.

Eselsohr, Rötliches Hasenohr

eßbar

Otidea onotica

Merkmale: Fruchtkörper unregelmäßig ohr- bis schüsselförmig, einseitig eingeschnitten, Basis bisweilen stielartig verschmälert und etwas striegelig, 4–10 cm hoch; Innenseite blaß morgenrötlich bis orange, Außenseite ocker, oft leicht gerunzelt; Fleisch brüchig, geruchlos. **Vorkommen:** Im Laub- und Nadelwald, in kleinen Gruppen verwachsen, seltener einzeln; Saprophyt; Juli bis November; zerstreut, in Mitteleuropa gleichmäßig verbreitet. **Ähnliche Arten:** Orange-Becherling (unten), regelmäßiger schüsselförmig, innen und außen leuchtend rotorange gefärbt, eßbar; Zierlicher Öhrling *(O. concinna)*, Pilz deutlich kleiner, überall gleichfarbig gelblich, selten, kein Speisepilz.

Das Eselsohr ist die häufigste und größte Art seiner Gattung. Diese besteht aus etwa 10 europäischen Arten, die mitunter sehr selten sind. Von den Becherlingen *(Peziza)* sind sie durch ihre einseitig verlängerten, eingeschnittenen Fruchtkörper zu unterscheiden. Das Eselsohr wird allgemein als wohlschmeckend bezeichnet.

Orange-Becherling

eßbar

Aleuria aurantia

Merkmale: Fruchtkörper schüssel- bis schalenförmig, gelegentlich einseitig eingeschnitten wie ein Öhrling, doch nicht ohrförmig verlängert, 2–10 cm breit; innen wie außen leuchtend rotorange, Außenseite jedoch bei trockenem Wetter heller; Fleisch sehr brüchig, ohne besonderen Geruch und Geschmack. **Vorkommen:** Auf nackter Erde, auf lehmigen Waldwegen oder Böschungen, gesellig in größeren Gruppen wachsend; Saprophyt; Mai bis Oktober; überall häufig. **Ähnliche Arten:** Mennigfarbiger Borstling *(Melastiza chateri)*, etwas kleiner, Außenseite mit feinen schwärzlichen Borsten (Lupe!), ungiftig, kein Speisepilz; vgl. auch Eselsohr (oben).

Orange-Becherlinge fallen im Wald schon von weitem auf und sind eine Zierde des Waldes. Man könnte sie aus der Entfernung für hingestreute Apfelsinenschalen halten. Ihr Speisewert ist schon wegen der geringen Substanz kaum hoch zu bewerten. Gelegentlich werden sie als Verzierung eines Pilzsalates verwendet, sollten aber keinesfalls roh genossen werden. Dies gilt auch für die echten Becherlinge der Gattung *Peziza*.

Register

Seitenzahlen in **fetter** Schrift verweisen auf abgebildete Arten

189

191

Sicheres Bestimmen leicht gemacht

Ewald Gerhardt
BLV Handbuch Pilze
Das umfassende Nachschlagewerk:
rund 600 Pilzarten in Farbfotos mit
Informationen zu Aussehen, Geruch,
Geschmack, Vorkommen, Verwechs-
lungsgefahr, Speisewert, mögliche
Giftwirkung usw. – mit Bestimmungs-
schlüssel.

Veronika Straaß
Natur erleben das ganze Jahr
Das Erlebnisbuch für die ganze
Familie: die Natur im Jahreslauf aktiv
entdecken – mit Beobachtungs-
hinweisen, Anleitungen zum Spielen
und Experimentieren, interessanten
Details aus der Naturgeschichte usw.

Ewald Gerhardt
Pilze
Schnellbestimm-System mit Speise-
und Giftpilzen: Kennzeichen, Standort,
Verwechslungsmöglichkeiten; natur-
getreue Farbfotos, die sicheres Bestimmen ermöglichen.

Gerlinde Hausner
Pilze
Kennzeichen, Vorkommen, Verwechslungsmöglichkeiten, Bestimmungsmerkmale, Tips zum Sammeln.

Dankwart Seidel / Wilhelm Eisenreich
Der BLV Foto-Pflanzenführer
Ein Querschnitt durch die heimische
Flora: 440 Arten – geordnet nach
Blütenfarbe, Blüten- und Blattform –
mit Bestimmungsmerkmalen, Blüte-
zeit, Standort und Verbreitung.

Im BLV Verlag Garten und Zimmerpflanzen • Wohnen und Gestalten • Natur • Heimtiere • Jagd •
finden Sie Bücher Angeln • Pferde und Reiten • Sport und Fitneß • Tauchen • Reise • Wandern,
zu folgenden Themen: Alpinismus, Abenteuer • Essen und Trinken • Gesundheit und Wohlbefinden

Wenn Sie ausführliche Informationen wünschen, schreiben Sie bitte an:
BLV Verlagsgesellschaft mbH • Postfach 40 03 20 • 80703 München
Telefon 089 / 12 7 05-0 • Telefax 089 / 12 7 05-543